STEFFEN MELTZER

SO SCHÜTZEN SIE IHR KIND!

Polizeitrainer vermittelt Verhaltensrichtlinien
zur Gewaltabwehr

Inhaltsverzeichnis

Vorwort 5

I. Wie kann man ein Verbrechen am eigenen Kind verhindern? 9

II. Langfristige Maßnahmen zum Schutz Ihres Kindes 13

III. Kurzfristig zu erlernende Verhaltensregeln 19

    1. Lerne nein zu sagen! 21
    2. Halte Abstand! 27
    3. Gehe nicht mit fremden Personen mit! 35
    4. Mache auf dich aufmerksam! 43
    5. Lerne schnell wegzulaufen! 49
    6. Schulweg 55
    7. Die Gefahr aus dem Auto 59
    8. Neue Umgebung 65
    9. Chancen und Gefahren von GPS und Handys ... 71
    10. „Kevin" allein zu Haus? 77
    11. Das tägliche Gespräch 81

Auswertung Checklisten 85

dies & das 89

Vorwort

Vorwort

In Erinnerung sind uns allen die spektakulären und öffentlichkeitswirksamen Fälle des sechsjährigen Elias aus Potsdam, des vierjährigen Mohammeds aus Berlin, der fünfjährigen Inga aus Sachsen-Anhalt und der 2015 entführten und ermordeten 17-jährigen Annelie bei Meißen. Aber auch das Schicksal der seit 2007 verschwundenen Madeleine Beth McCann (Maddy) beschäftigt bis heute viele Menschen. Das alles sind aufsehenerregende, dramatische Fälle, die vielen Eltern das Blut in den Adern erstarren lassen. Die Höhe der Dunkelziffer von Tötungsdelikten bei vermissten Kindern lässt sich nur erahnen. Entführung, Vergewaltigung, Prostitution, Tötung – Immer wieder stellt sich die Frage, wie man das eigene Kind vor solchen Verbrechen schützen kann.

Das ist im Prinzip gar nicht so schwer, wenn einige Regeln eingehalten werden. Als verhaltensorientierter Trainer weiß ich allerdings, dass nur **einfach umzusetzende Handhabungen** wirklich schützen können. Gern können Sie Ihr Kind in einen Selbstverteidigungskurs schicken, in dem es auch schwer zu erlernende Techniken gezeigt bekommt. Solange dies für sein Selbstbewusstsein und seine Fitness förderlich ist, sage ich: „Prima, das Ziel wurde erreicht!" Ich halte jedoch nichts davon, Kindern zu suggerieren, dass sie ausschließlich mit bestimmten Schlagtechniken einen erwachsenen Angreifer erfolgreich abwehren können. Das ist eine trügerische Sicherheit, welche die Täter zusätzlich zu einer vorher nicht beabsichtigten, brutalen Gewaltanwendung motivieren kann. Ein Kind kann nur dann einem erwachsenen Täter etwas entgegensetzen, wenn es einfache Eigensicherungsrichtlinien (die einer körperlichen Abwehr vorausgehen sollten) befolgt. Aus meiner Sicht geht es nämlich in erster Linie darum, die kindlichen Urinstinkte zu aktivieren und zu stärken. Diese Instinkte können – sofern adäquat angewandt – auch bei Kindern sehr effektiv und erfolgreich sein. Hinzu kommen bestimmte Verhaltens- und Erziehungsregeln, die verhindern, dass sich Straftäter Ihr Kind als Opfer aussuchen. So geben Erziehung, Verhaltensregeln und Intuition Ihrem Kind Sicherheit in einer Gesellschaft, die immer mehr von verknappten Ressourcen im öffentlichen Bereich, dem Rückzug des Staates und zivilen Zerfallsprozessen gekennzeichnet ist. Zunehmend treten verrohende Umgangsformen zu Tage. Schwache Opfer, wie alte Menschen und Kinder, bleiben dabei schnell auf der Strecke.

97 Prozent der vermissten Kinder tauchen glücklicherweise gesund und munter wieder auf. Bei den restlichen drei Prozent ist die Quote von Kindesentziehungen in Sorgerechtsstreitigkeiten sehr hoch. Ein geringer Anteil der Kinder wird hingegen nie wiedergefunden. Besonders bei kleinen Kindern herrscht dann ein großes mediales Interesse.

Jedes Kapitel endet mit einer Checkliste. In dieser finden sich verschiedene Verhaltensmuster bzw. Situationen, die Sie – abhängig davon, ob diese auf Sie oder Ihren Nachwuchs zutreffen – mit keinem, einem halben oder einem Punkt bewerten können. Wenn Sie alle gesammelten Punkte in die Tabelle auf Seite 87 übertragen und die Gesamtpunktzahl ermittelt haben, hilft Ihnen die punktabhängige Bewertung dabei, Ihr Verhalten und das Ihres Nachwuchses zum Thema „Gefahrenprävention und -abwehr" besser zu beurteilen.

Viel Freude beim Lesen und Erfolg bei der Umsetzung der praktischen Übungen wünscht

Ihr Steffen Meltzer

**Wie kann man ein
Verbrechen am eigenen Kind verhindern?**

I. Wie kann man ein Verbrechen am eigenen Kind verhindern?

Um diese Frage ehrlich und konsequent zu beantworten:

Es gibt keine 100-prozentige Sicherheit, außer man schließt sein Kind Tag und Nacht zuhause ein.

Das würde jedoch erhebliche Entwicklungsstörungen nach sich ziehen und ist lebensfremd. Eltern und Großeltern müssen also lernen, mit bestimmten Risiken zu leben. Das betrifft auch die körperliche und seelische Unantastbarkeit des eigenen Nachwuchses. Selbst wenn wir alle, in diesem Buch aufgeführten Regeln bei unseren Kindern anwenden, so sind Kinder dennoch gegenüber einem gewalttätigen Erwachsenen physisch unterlegen. Schließlich lässt sich ein Kind beispielsweise leicht von einem Erwachsenen packen und in ein Fahrzeug werfen. Selbst wenn das Kind einem Erwachsenen auch nicht völlig hilflos ausgeliefert ist, so gehört für mich dennoch zur Wahrheitspflicht, Ihnen zu vermitteln, dass es keine Grantie dafür gibt, dass Ihrem Kind nichts zustößt. Das Dasein ist einfach zu vielgestaltig, um auf **alle** Eventualitäten vorbereitet zu sein. Dennoch ist niemand von uns Gefahren ohnmächtig ausgeliefert. Seit Generationen versuchen Menschen, alle Risiken des Alltags mehr oder minder erfolgreich zu bekämpfen beziehungsweise zu minimieren.

So reduziert sich zum Beispiel bei Polizisten, die berufsbedingt stets Gefahren ausgesetzt sind, aufgrund trainierter Eigensicherungsmaßnahmen das Risiko, verletzt oder getötet zu werden, von 50 auf zwei Prozent. Das können Sie bei Ihrem Nachwuchs und sich selbst auch schaffen. Ich werde Ihnen dabei helfen, dieses Ziel zu erreichen, ohne hart trainieren zu müssen.

Meine ausschließlich praxisorientierten Verhaltensrichtlinien sind leicht zu vermitteln und können damit ohne weiteres von Ihrem Kind angewandt werden. Die Theorie halte ich dabei so kurz wie möglich, da ich nicht beabsichtige, aus Ihnen einen Verhaltenstrainer oder Spitzenpädagogen zu machen. Ich werde mich darauf beschränken, weniges an theoretischem Basiswissen zur Begründung meiner praktischen Anleitungen zu verwenden, damit Sie diese besser nachvollziehen können.

Langfristige Maßnahmen zum Schutz Ihres Kindes

II. Langfristige Maßnahmen zum Schutz Ihres Kindes

Neben einigen Sofortmaßnahmen kommen wir nicht an einem Erziehungsstil vorbei, der Kinder zu selbstbewussten und eigenbestimmten Persönlichkeiten formt. Dieser beinhaltet Herzenswärme und Empathie ebenso wie das Aufstellen von Grenzen und Regeln. Das Wichtigste ist der Aufbau eines uneingeschränkten Vertrauensverhältnisses zu Ihrem Kind. Es soll wissen, dass es sich **jederzeit** mit seinen Problemen an Sie wenden und Sie einbeziehen kann. Das Kind soll dabei keine Angst haben, einen Tadel oder gar härtere Bestrafungen erleiden zu müssen, oder mit seinen Problemen und Ängsten nicht ernst genommen zu werden. Kinder brauchen positive Orientierung. Seien Sie in Ihren Verhaltensweisen ein gutes Vorbild!

Nur die Eltern, die in der Lage sind, feinfühlig und adäquat auf ihren Nachwuchs einzugehen, können mit einem stabilen und uneingeschränkten Vertrauensverhältnis rechnen. Interaktion zwischen Elternteil und Kind ist entscheidend für dieses stabile Vertrauensverhältnis. Darauf basiert alles andere – häufig lebenslang, da die ersten Lebensjahre eines Kindes für seine Biografie prägend sind.

Eltern, die unfähig sind, beispielsweise durch emotionale Kälte, Unberechenbarkeit oder überzogene Leistungsanforderungen ein stabiles Vertrauensverhältnis zu ihrem Kind aufzubauen, sorgen dafür, dass deren Nachwuchs im Leben großen, unbeherrschbaren Gefahren ausgesetzt ist. Es fehlt dann an einer überlebenswichtigen Eigenschaft: dem Urvertrauen in sich selbst. Ohne dieses Basiswerkzeug wird ein Mensch immer nach außen signalisieren, dass er ein leichtes Opfer ist. Intuitive Täter spüren das. Sie sehen genau, wer ein Außenseiter ist, wer schüchtern nach unten blickt und wessen Gang mit hängenden Schultern und gebeugtem Rücken erfolgt.

Eltern, die für ihre Kinder „unberechenbar" sind, bei denen die Stimmung für das Kind also unvorhersehbar von „Affenliebe" einerseits, zur körperlichen Züchtigung andererseits, täglich oder gar stündlich wechselt, können lediglich eine unsichere, distanzierte Bindung zu ihren Kindern aufbauen. Kinder solcher Eltern vermeiden es, sich in deren Nähe aufzuhalten. Sie suchen sogar bevorzugt die Nähe fremder Personen. Sozialpädagogen, Psychologen und Fachärzte wissen sehr genau: Wenn Kinder besonders schnell und gern mit fremden Personen mitgehen, stimmt etwas nicht mit den innerfamiliären Beziehungen. Häufig sind diese Kinder Opfer von seelischer und körperlicher Gewalt. Auch sexueller Missbrauch kommt in Frage. Die Dunkelziffer in den Familien ist sehr groß. Die wenigsten Fälle kommen ans Tageslicht. Ich bin der Überzeugung, dass viele seit Jahren vermissten Kinder nicht durch fremde Personen entführt und/oder getötet wurden, sondern durch engste Familienangehörige. So kommt auf jede polizeilich bekannt gewordene Straftat an einem Kind **innerhalb der Familie** eine Dunkelziffer, die noch einmal so hoch ist. Auf jedes getötete Kind kommt demnach ein weiteres Kind mit einer unnatürlichen Todesursache, die unentdeckt bleibt.

Kinder, die familiär seelisch und körperlich erniedrigt werden, entwickeln sich erwiesenermaßen schneller zu Opfern – anders als Gleichaltrige, die gelernt haben, „Nein" zu sagen und ihre Erwartungen und Wünsche gegenüber anderen Menschen zu formulieren und durchzusetzen. Es fällt selbst vielen Erwachsenen schwer, eigene Bedürfnisse klar zu artikulieren. Straftäter haben oftmals ein sicheres Gespür dafür, welches Individuum vertrauensselig und unsicher und damit ein leichtes Opfer ist. Sie suchen sich meistens Menschen aus, von denen sie annehmen, dass es zu keiner großen Gegenwehr kommen wird – eine einfache Kosten-Nutzen-Analyse für Psychopathen, Pädophile, Entführer und Erpresser. Deshalb ist es für Kinder wichtig zu wissen, dass da draußen auch schlechte und bösartige Personen ihr Unwesen treiben. Darauf kann man sie gar nicht früh genug vorbereiten. Jedoch darf Kindern damit auf keinen Fall pauschal Angst gemacht werden. Damit erreicht man genau das Gegenteil von dem Gewünschten. Ein Kind soll lernen, menschliches Verhalten zu differenzieren. Da dies mit fünf Jahren eindeutig schwerer als mit 18 Jahren ist, sollen gerade kleinere Kinder eindeutige und einfache Regeln von ihren Eltern erhalten. Wenden wir uns nun diesen Regeln zu, die im Übrigen auch für ältere Kinder, einige davon auch für Erwachsene, gelten.

Checkliste

	trifft zu	trifft manchmal zu	trifft nicht zu
Punkte			
	1	0,5	0
Ich kann meine eigenen Bedürfnisse klar artikulieren.			
Ich lebe nach eigenen Regeln und Normen.			
Ich besitze ein uneingeschränktes Vertrauensverhältnis zu meinem Kind.			
Mein Kind lebt in einer angstfreien Atmosphäre.			
Ich bin für mein Kind berechenbar.			
Ich wende keine Bestrafungen an.			
Meine Kritik ist hilfreich.			
Ich bestärke positives Verhalten.			
Durch meine Erziehung wird das Kind gestärkt.			
Bei Bekanntwerden von Missbrauch in der Familie/Fremde wende ich mich sofort an die Polizei.			
Gesamtpunktzahl		I 10	

Kurzfristig zu erlernende Verhaltensregeln

1. LERNE NEIN ZU SAGEN!

Kurzfristig zu erlernende Verhaltensregeln

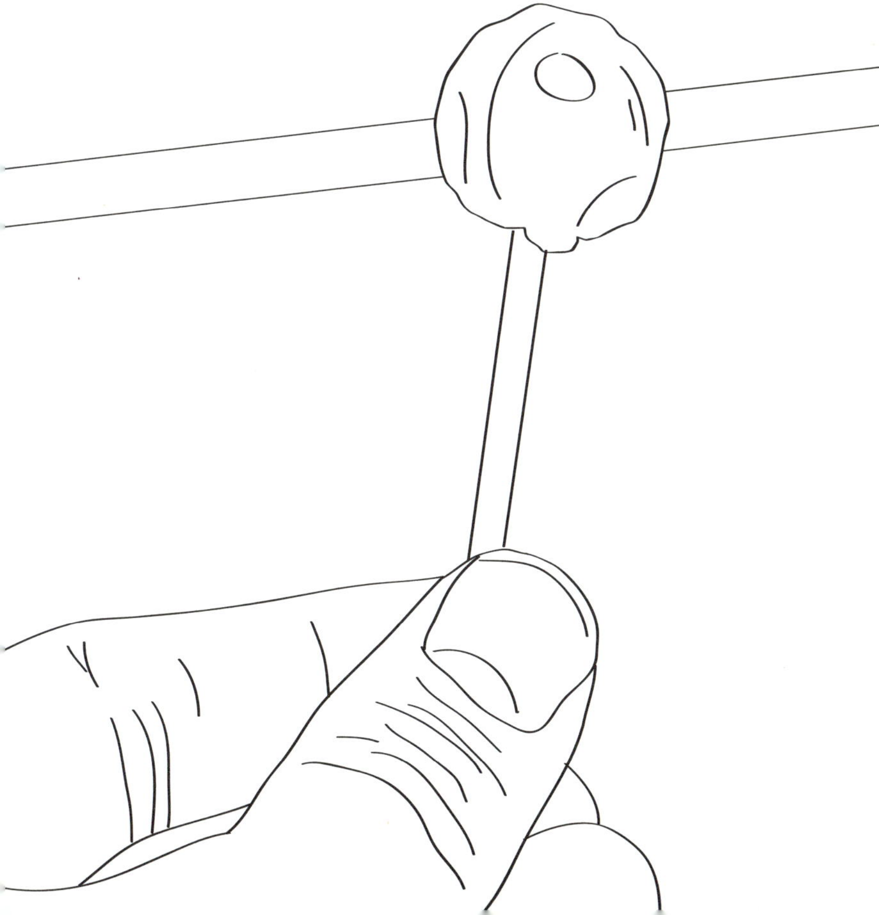

III. Kurzfristig zu erlernende Verhaltensregeln

1. Lerne nein zu sagen!

Bringen Sie Ihrem Kind bei nein zu sagen. Neinsagen fällt Ihnen selbst sehr schwer? Im Job sind Sie ständig überlastet, weil Sie Ihrem Chef keine Bitte abschlagen können? Trainieren Sie in diesem Fall gemeinsam mit Ihrem Kind! Denn Menschen, die nicht in der Lage sind, ein stark ausbeuterisches Verhalten anderer Personen abzuwehren, sind potentielle Opfer. Im Erwachsenenalter leiden sie deutlich häufiger an Depressionen, Burnout sowie Tabletten-, Alkohol- und Drogensucht als Menschen, die antisoziales Verhalten entschieden zurückweisen. Dieses Verhalten begünstigt zudem viele Krankheiten (z. B. Krebs, Bluthochdruck, Herzinfarkt, Schlaganfall) und kann schlimmstenfalls lebensverkürzend sein. Wenn Sie das Neinsagen selbst nicht beherrschen, wie wollen Sie es Ihrem Kind beibringen?

Nein zu sagen erfordert auch, Ihrem Kind zu erlauben, seine eigenen Bedürfnisse (z. B. mit Freunden herumtollen, essen, schlafen usw.) und Emotionen auszuleben − natürlich inklusive Grenzen, die Sie mit Ihrem Kind jeden Tag aushandeln müssen. So lernt Ihr Nachwuchs spielerisch seine Bedürfnisse sicher zu formulieren und sich gegenüber anderen gewaltfrei durchzusetzen. Zudem lernt es auf diese Weise die Grenzen anderer Menschen zu akzeptieren und trainiert nebenbei erfolgreich seine Frustrationstoleranz.

> Trainieren Sie mit Ihrem Kind
> „Nein, das will ich nicht!" zu sagen!
> Sprechen Sie dabei laut und immer lauter!
> Spüren Sie selbst die damit verbundene innere Befreiung!
>
> **Ü1**

Wiederholen Sie gelegentlich diesen Leitspruch, damit er tief ins Unterbewusstsein dringt und im Stress- bzw. Konfliktfall für Ihren Liebling abrufbar ist! Diese Aufforderung muss **laut und deutlich** gesprochen werden, keineswegs leise und unsicher. Dies würde potentielle Täter nur ermutigen. Das Kind lernt dadurch auch, sich gegenüber gleichaltrigen Kindern durchzusetzen, ohne sich auf Kosten anderer zu profilieren oder diese zu unterdrücken. Auf diese Weise bilden sich soziale Fähigkeiten heraus, die wichtig sind, um im Team erfolgreich agieren zu können. Dies sind Grundfertigkeiten, die für das weitere Leben von größter Bedeutung sind.

Beispiel

Ein fremder Mann nähert sich freundlich einem allein spielenden Kind und fragt es: „Isst du gern Süßes?" Jetzt sollte das Kind deutlich und laut „Nein!" sagen. Daraufhin wird der Fremde vom wehrhaften Kind ablassen – auch, um keine Aufmerksamkeit in der Öffentlichkeit zu erregen.

Checkliste	trifft zu	trifft manchmal zu	trifft nicht zu
	Punkte		
	1	0,5	0
Ich kann selbst nein sagen.			
Mein Tagesablauf ist strukturiert.			
Mein Kind kann seine eigenen Bedürfnisse ausleben.			
Mein Kind bekommt Regeln und Grenzen vermittelt.			
Mein Kind darf nein sagen.			
Ich bestärke mein Kind systematisch im Neinsagen.			
Gesamtpunktzahl		I 6	

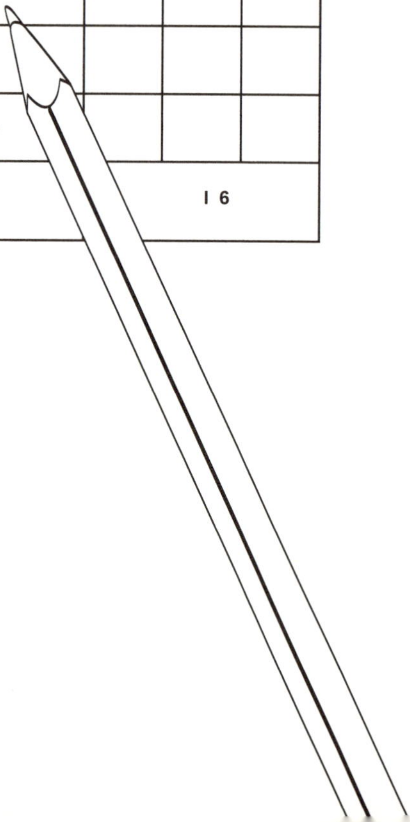

2. HALTE ABSTAND!

Kurzfristig zu erlernende Verhaltensregeln

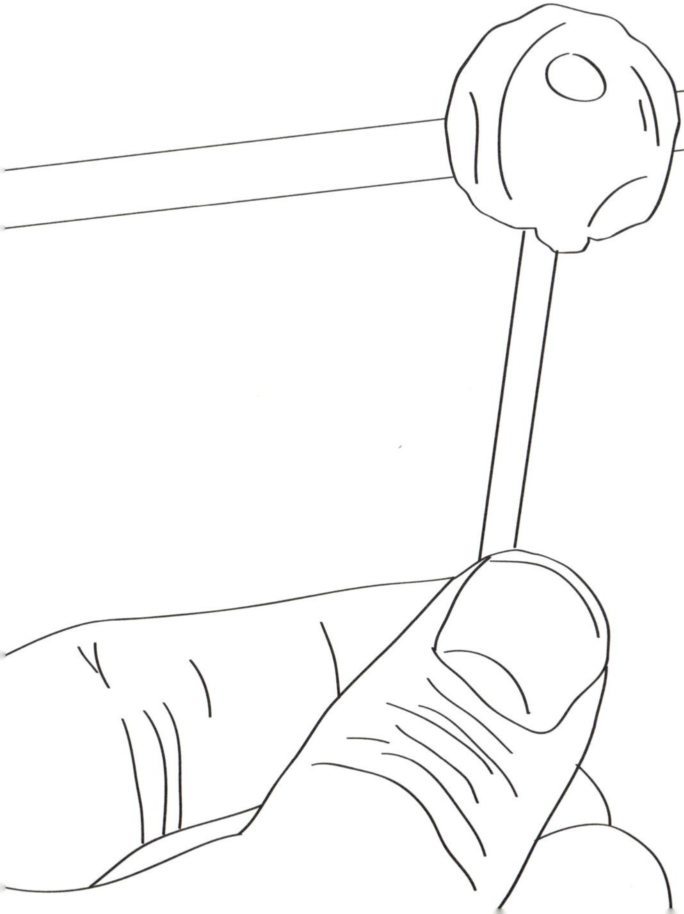

2. Halte Abstand!

Es ist ein guter Anfang, einem Kind bewusst zu machen, dass es selbst über seinen Körper und somit darüber bestimmt, wer es anfassen darf. Generell trifft dies auf alle Menschen zu. Ihr Kind soll lernen, dass niemand ungefragt und ungebeten in seinen sogenannten Wohlfühlbereich eindringen darf. Dieser entspricht einem Abstand von ein bis zwei kindlichen Armlängen zum Gegenüber. Die Wahrung dieser Distanz können Sie leicht mit folgender Übung verinnerlichen.

> Bitten Sie ein gleichaltriges Kind, mit dem Ihr Zögling nicht eng befreundet ist, sich von Angesicht zu Angesicht vor Ihr Kind zu stellen!
>
> **Ü2**

Egal ob Kind, Jugendlicher oder Erwachsener, wir alle empfinden diesen geringen Abstand zu Menschen als unangenehm. Regelrecht bedrängt fühlen wir uns, wenn wir mit uns zu nahe kommenden Personen nicht eng befreundet und oder vertraut sind. Davon können Sie sich gern überzeugen, indem Sie selbst die Übung mit einem anderen Elternteil ausprobieren. Sie werden feststellen, dass wir nur Personen in unseren Wohlfühlbereich lassen, die wir als ausgesprochen angenehm empfinden (z. B. Freunde, Partner, Eltern, Großeltern, eigene Kinder).

Kinder haben, wie schon angeführt, ein Recht am eigenen Körper und müssen sich daher nicht gegen ihren Willen berühren lassen. Das betrifft auch Umarmungen und Küsse. Nicht einmal von der ungeliebten Verwandtschaft muss sich ein Kind „drücken" lassen. Wenn sich Ihr Kind in so einer Situation wehrt bzw. Sie merken, dass es ihm unangenehm ist, sollten Sie es in seiner Abwehrhaltung bestärken! Vermitteln Sie Ihrem Kind, dass es selbst bestimmt, wer in seinen Wohlfühlbereich eindringen darf! Auf diese Weise befähigen Sie Ihren Nachwuchs Selbst**bewusstsein** zu entwickeln.

Stellen Sie zwei Kinder in einem Abstand von etwa drei Metern gegenüber! Fragen Sie die Kinder, wie sie diese Nähe zueinander empfinden! Die Kinder werden diese Distanz als angemessen und sicher empfinden. Verkleinern Sie jetzt den Abstand auf eine Kinderarmlänge und befragen Sie die Kinder erneut! Da diese Distanz im Grenzbereich des Wohlfühlbereiches liegt, wird diese Entfernung im Allgemeinen akzeptiert. Stellen Sie die Kinder jetzt für etwa 30 Sekunden „Gesicht an Gesicht"! Wenn Sie als Gegenüber nicht gerade den besten Freund Ihres Kindes ausgewählt haben, werden beide Kinder ein deutliches Unbehagen signalisieren. Bestärken Sie Ihr Kind unbedingt darin, immer zu Personen einen Abstand zu halten, den es als angenehm empfindet!

Mimen Sie oder besser eine andere Person – nach Absprache mit Ihrem Kind – einen unbekannten Erwachsenen, der sich Ihrem Kind ungefragt nähert! Instruieren Sie Ihr Kind, einen größeren Abstand von zwei Armlängen zu halten, da Erwachsene größer als Kinder sind und demzufolge auch bedrohlicher erscheinen!

Ü3

Besprechen Sie mit Ihrem Kind das unangenehme Gefühl, das sich nach dem Eindringen des fremden Erwachsenen in seinen Wohlfühlbereich bei ihm äußert! Bestärken Sie es in seiner intuitiven Selbsterkenntnis und lassen es durch Emotionen lernen! Dies wird Ihrem Kind helfen, eine eigene Verhaltensrichtlinie zu definieren und seinen Wohlfühlbereich selbstbewusst zu verteidigen. Werten Sie die Übung positiv und vorwurfsfrei mit Ihrem Kind aus! Loben und bestärken Sie Selbsterkenntnisse!

> Stellen Sie Ihr Kind einer Person gegenüber! Lassen Sie die Person sich Ihrem Kind nähern (Kind: maximal eine Kinderarmlänge, Erwachsener: zwei Kinderarmlängen)! Ihr Kind soll laut „Nein, das will ich nicht!" oder „Stopp, Abstand!" rufen oder schreien! Überlassen Sie Ihrem Kind aber die Entscheidung, bei welchem Abstand es den Ausruf startet! So haben Sie eine Kontrolle über das Erlernte. Sprechen Sie mit Ihrem Kind ab und an über seinen Wohlfühlabstand, um den Lern- und Verhaltensprozess zu vertiefen!
>
> **Ü4**

Wenn wir uns nun einen unbekannten Erwachsenen vorstellen, der sich dem Kind ungefragt nähert, so soll das Kind schon beim Eindringen von weniger als zwei Kinderarmlängen laut und deutlich „Stopp, Abstand!" sagen. Der Warnhinweis wird sitzen. Die meisten Täter spüren, dass sie hier kein leichtes Spiel haben und werden deshalb vom Kind ablassen.

Checkliste	trifft zu	trifft manchmal zu	trifft nicht zu
	Punkte		
	1	0,5	0
Mein Kind bestimmt selbst, wer es anfassen darf.			
Alle Familienangehörigen bestimmen über ihren eigenen Körper.			
Gesamte Verwandtschaft bestimmt über ihren eigenen Körper.			
Mein Kind kennt seinen eigenen Wohlfühlbereich.			
Mein Kind kennt die „Stopp-Abstand!"-Formel.			
Ich spreche mit meinem Kind regelmäßig über die Notwendigkeit Abstand zu halten.			
Gesamtpunktzahl		I 6	

3. GEHE NICHT MIT FREMDEN PERSONEN MIT!

Kurzfristig zu erlernende Verhaltensregeln

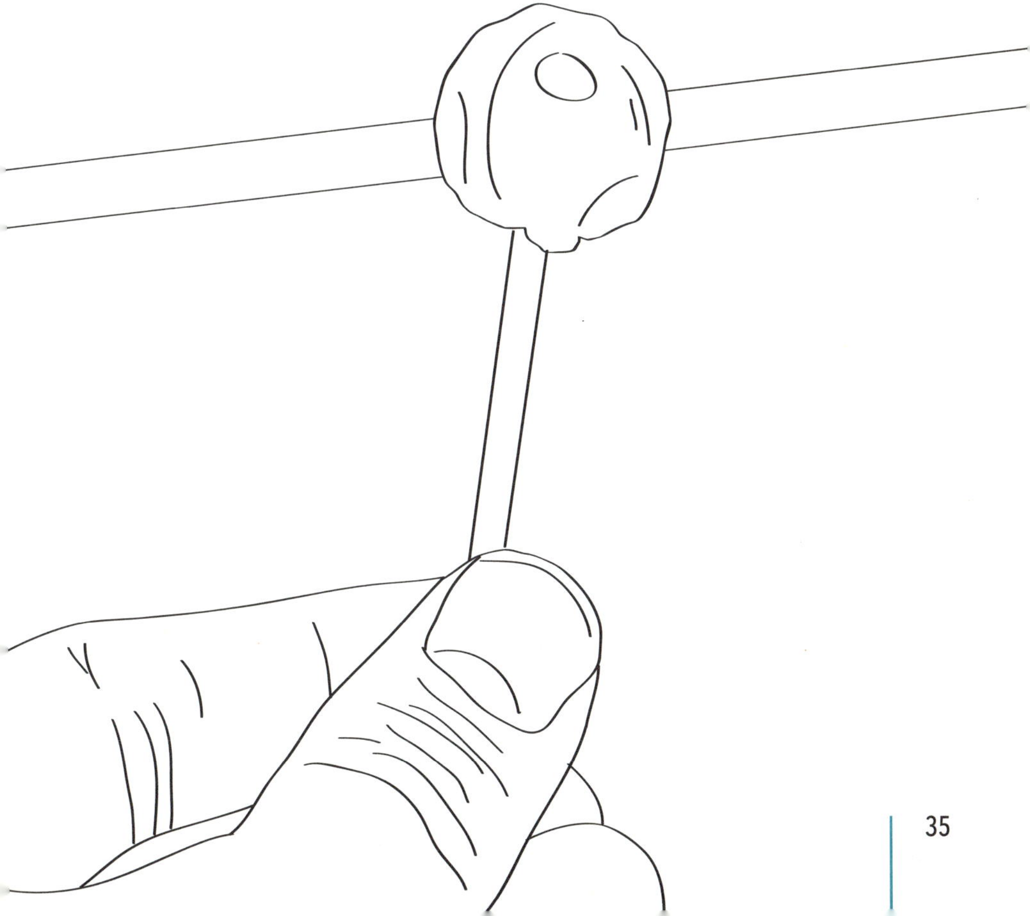

3. Gehe nicht mit fremden Personen mit!

Vielleicht wundern Sie sich, dass ich auf diese Binsenweisheit noch einmal näher eingehe. Die Erklärung möchte ich Ihnen mit dem folgendem Beispiel liefern:

In den USA hat ein Fernsehsender ein Experiment mit Kindern und Eltern durchgeführt. Bei diesem näherte sich ein fremder Mann mit einem Welpen auf dem Arm verschiedenen Kindern auf dem Spielplatz. Er zeigte den Kindern das kuschelige, süße Hundebaby und stieß bei den Kindern auf Begeisterung. Kein Kind sah die Gefahr, dass der Welpe nur Lockmittel für die Kleinen war, dem Mann zu folgen. Als der Mann fragte, ob die Kinder mit zum Auto kommen möchten, um auch die anderen, sich dort befindlichen Welpen zu streicheln, folgten ihm alle befragten Kinder **ausnahmslos**. Für die Eltern, die das Experiment beobachteten, war das Erschreckende, dass sie alle ihre Sprösslinge instruiert hatten, niemals mit Fremden mitzugehen. Dementsprechend tief saß der Schock bei den Eltern. Wie konnte es passieren, dass ihr Kind alle guten Vorsätze vergaß?

Gerade kleine Kinder sind noch nicht in der Lage, Gefahren differenziert einzuschätzen. So haben Täter leichtes Spiel. Sie profitieren von der Spontanität und dem Spieltrieb der Kinder, indem sie diese mit Versprechungen wie Süßigkeiten, Tiere oder Spielzeug weglocken.

Sie als Elternteil haben die Aufgabe, ab und an mit Ihrem Kind über Gefahren zu sprechen und ihm „einzuimpfen", immer eine Distanz zu unbekannten Personen zu halten und keinesfalls mit diesen mitzugehen! Ein einmaliges „Daraufhinweisen" reicht hier bei weitem nicht aus. Ein Kind ist in der Regel unfähig, einzelne Gesprächsinhalte auf neue Situationen anzuwenden. Deshalb liegt in der Wiederholung die Kunst.

Dabei darf man beim Kind allerdings keine generalisierende und destruktive „Angst vor dem Fremden" erzeugen. Dies würde das Kind stark verunsichern und es zu einem leichten Opfer machen. Um dieses Szenario zu verhindern, sollten Sie einfühlsam sein, die Gefahr relativieren und ruhig mit Ihrem Kind üben, wie es sich im Fall der Fälle richtig verhält.

Nicht locken lassen!

Greifen wir wieder die Situation mit dem Mann auf, der sich dem Kind nähert und diesem Schokolade und Bonbons anbietet.

Auf seine Frage, ob das Kind gern Schokolade isst, sollte es laut und deutlich „Nein!" sagen. Entgegnet das Kind dem Mann jedoch unentschlossenen (da es natürlich gern Süßigkeiten isst) wird er fortfahren: „Wenn du mit zu meinem Bekannten kommst, schenke ich dir jede Menge Schokolade und Bonbons!" Spätestens jetzt sollte das Kind laut und bestenfalls mehrfach „Nein!" schreien und selbstverständlich keinesfalls mitgehen.

Beauftragen Sie einen Arbeitskollegen oder entfernten Bekannten, Ihr Kind auf dem Spielplatz zu testen! Er soll Ihr Kind freundlich ansprechen und fragen, ob es mit ihm mitkommt! Als „Belohnung" soll er ihm Süßes oder ein Spielzeug in Aussicht stellen! Um die kindliche Begierde zu wecken, können die Lockmittel auch gleich vor Ort angeboten werden. Beobachten Sie alles so unvoreingenommen wie möglich!

Ü5

Auswertung

Bei der Auswertung des kindlichen Verhaltens kommt es darauf an, die Übungssituation kompetent mit dem Kind auszuwerten. Klären Sie zunächst Ihr Kind auf, dass es sich nur um einen Versuch gehandelt hat! Geben Sie Ihre Beobachtungen wieder – vorerst ohne Bewertung! Lassen Sie Ihr Kind zu Wort kommen und fragen Sie es offen, warum es so gehandelt hat und nicht anders! Wenn Ihr Kind nicht mitgegangen ist, dann loben und bestärken Sie es! Ist es jedoch bedauerlicherweise mitgelaufen, müssen Sie sein Fehlverhalten konkret, aber vorwurfsfrei ansprechen! Fragen Sie erst, warum Ihr Kind mitgegangen ist! Gehen Sie feinfühlig auf Ihren Nachwuchs ein und vermeiden Sie eine strafende Stimmmodulation!

Fragen Sie Ihr Kind, was es aus Ihren Worten entnommen hat! Lassen Sie das von Ihnen Gesagte mit den eigenen Worten des Kindes wiederholen! Wenn es dabei Ihre Worte nutzt, fragen Sie noch einmal nach, was es darunter versteht! Ein Wort kann nämlich durchaus für zwei Menschen eine unterschiedliche Bedeutung haben. Auf diese Weise können Sie kontrollieren, ob Ihr Kind Sie verstanden und den Sachverhalt richtig aufgenommen hat. Wiederholen Sie die Übung später noch einmal!

Anmerkung

Machen Sie Ihrem Kind die Freude und schenken Sie ihm anschließend das in der Übung versprochene Lockmittel! Begründen Sie dies damit, dass dieses Geschenk nicht für sein Fehlverhalten mitzugehen, sondern für den richtigen Lerneffekt in der Auswertung gedacht ist! Belohnen Sie Ihr Kind natürlich auch dann, wenn es erfreulicherweise nicht mitgegangen ist! Vernachlässigen Sie es aber nicht, dieses Thema auch bei einem richtigen Verhalten Ihres Kindes gelegentlich anzusprechen!

Eine weitere effektive Möglichkeit, Ihr Kind vom Mitgehen abzuhalten, besteht darin, ein gemeinsames Passwort zu vereinbaren. So könnte sich zum Beispiel ein Fremder Ihrem Kind nähern und behaupten, die Mama läge im Krankenhaus und das Kind soll jetzt sofort mit ihm kommen. Da aber mit den Eltern für Notfälle vorab ein Passwort vereinbart wurde, fragt das Kind sofort danach. Kennt der „Besorgte" den Code nicht, ist für das Kind klar, dass es nicht mitgehen darf. Dies schützt das Kind vor Überforderungen im Differenzierungsvermögen gegenüber fremden Erwachsenen und hilft ihm auf einfache Art, sich vor Menschen zu schützen, die nichts Gutes im Schilde führen.

Fragen Sie Ihr Kind in Abständen nach dem gemeinsamen Passwort! Wählen Sie einen kindgerechten Code aus, zum Beispiel das Wort „Sonnenschein"!

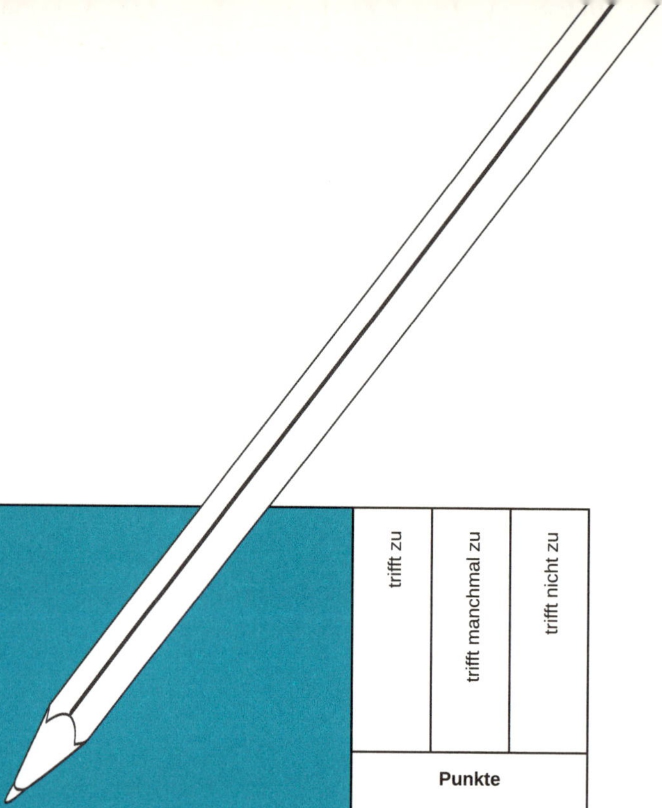

Checkliste	trifft zu	trifft manchmal zu	trifft nicht zu
	Punkte		
	1	0,5	0
Mein Kind kann Süßigkeiten aufbewahren.			
Mein Kind hat nur Kontakt zu Fremden, wenn ich das ausdrücklich gestatte.			
Ich beobachte das Verhalten meines Kindes gegenüber Fremden.			
Ich beherrsche Rückmelderegeln.			
Ich werte das Verhalten des Kindes aus.			
Gesamtpunktzahl		I 5	

4. MACHE AUF DICH AUFMERKSAM!

Kurzfristig zu erlernende Verhaltensregeln

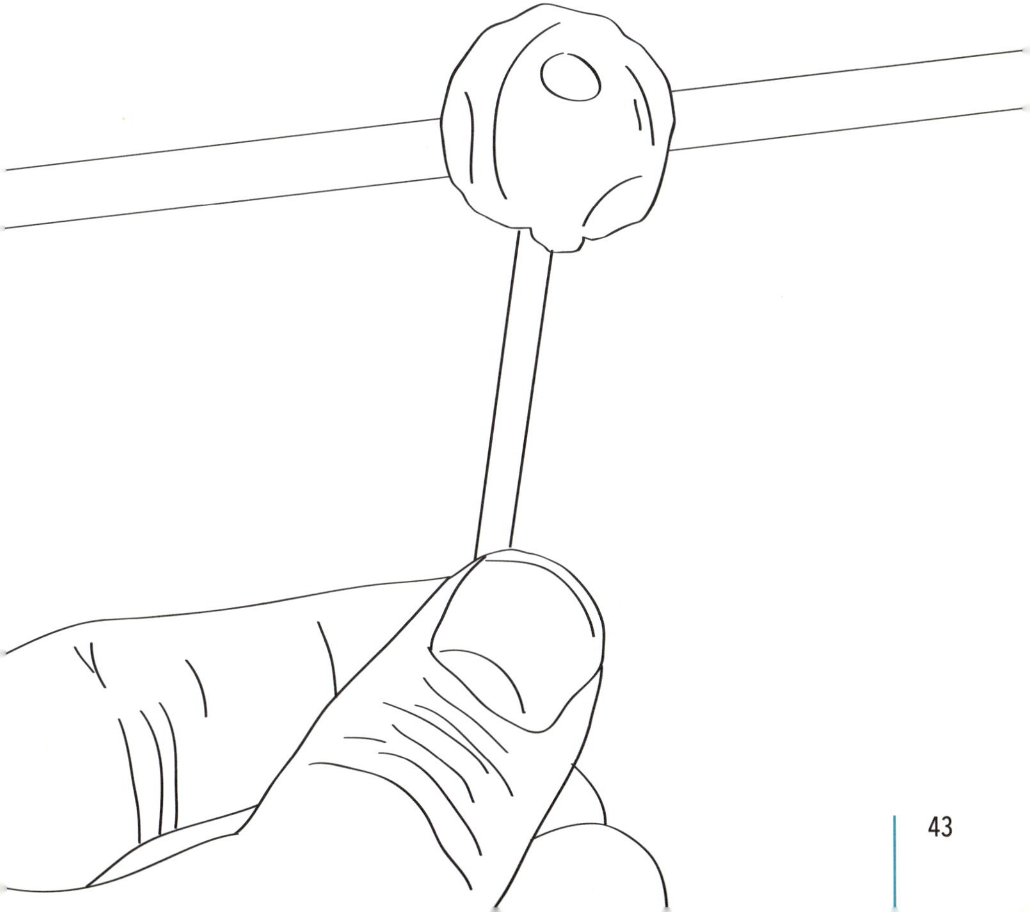

4. Mache auf dich aufmerksam!

Obwohl ein Kind deutlich nein sagt, versucht Abstand zu halten und nicht mitgeht, kommt es vor, dass ein potentieller Täter nicht vom Kind ablässt. Besonders stark triebgesteuerte Pädophile und potentielle Entführer lassen sich nicht so leicht abschütteln. Deshalb ist es immer gut, wenn Ihr Kind dort spielt, wo viele andere Kinder und Erwachsene sind. Ferner sollte es Wege benutzen, die belebt und in der dunklen Jahreszeit hell beleuchtet sind. Gerät ein Kind dennoch gefühlt in Not, muss es auf sich aufmerksam machen. Hierfür gibt es zwei Möglichkeiten:

Laut schreien

Eine Möglichkeit, die Aufmerksamkeit von Passanten auf sich zu lenken ist laut zu schreien und zu kreischen. Lautes, mehrmaliges Hilfeschreien eignet sich hierfür hervorragend. In der Regel wird dieser Lärm einen Täter vertreiben, da er unentdeckt bleiben will, nun aber damit rechnen muss, beobachtet und eingesperrt zu werden. Personen, die im Strafvollzug durch Straftaten an Kindern bekannt werden, sind in der dortigen Hierarchie ganz unten angesiedelt und leben sehr gefährlich.

Auch mit dem Kindernotruf „Feuer! Feuer!" lässt sich Aufmerksamkeit erzielen. Dennoch ist eine erhöhte Signalwirkung gegenüber einem „Hilfe! Hilfe!" schnell wieder verbraucht, wenn kein Feuer zu sehen ist. Erwachsene könnten sich dann veralbert fühlen und die Situation – zum Schaden des Kindes – falsch deuten.

Anwesende gezielt ansprechen

Des Weiteren muss das gefährdete Kind andere Menschen, die in der Nähe sind, gezielt um Hilfe bitten, wie zum Beispiel

„**Du, in der roten Jacke – Hilfe, der Mann will etwas von mir!**",
„**Sie, mit dem grünen Regenschirm – Bitte helfen sie mir!**"
„**Du, mit den blonden Haaren – Bitte hilf mir! Ich habe Angst!**"
oder „**Rufe schnell die Polizei! Der Mensch ist böse.**".

Das Auffordern von Personen, tätig zu werden, kann entscheidend sein. Das funktioniert aber nur, wenn diese, gezielt anhand ihrer Äußerlichkeiten / Besonderheiten, zur Hilfe aufgefordert werden. Andernfalls besteht die Gefahr, dass keiner der Erwachsenen hilft.

Warum soll ein Kind andere Menschen **konkret ansprechen**? Dies begründet sich mit dem Phänomen „Verantwortungsdiffusion". Dieses äußert sich dadurch, dass je mehr Menschen vor Ort sind, desto geringer die Chance ist, dass jemand hilft. Oft liegt dies daran, dass ein Fremder die Lage, in der sich das Kind befindet, nicht einschätzen kann. Woher soll dieser zum Beispiel wissen, ob das Kind mit einem Elternteil streitet oder von einem Täter bedroht wird? Selbst wenn Eltern ihre Kinder öffentlich körperlich züchtigen greift meistens niemand ein. Das ist traurige Realität. Da ein Anwesender / Beobachter die Verantwortung, Hilfe zu leisten, anderen auferlegt, ist die Chance für einen Täter, mit dem Kind in einem Meer der Anonymität zu entkommen, immer vorhanden. Deshalb muss ein Kind lernen, seine Ängste und sein Hilfeersuchen klar zu artikulieren. Bedauerlicherweise funktioniert dies oft nur, wenn Menschen, die zufällig vor Ort sind, konkret angesprochen werden.

Hilfe holen

Mehrere Kinder mimen Erwachsene, die an einer (gedachten) Bushaltestelle stehen. Ein Kind steht abseits und wird von einem Erwachsenen bedrängt. Das bedrängte Kind soll lernen, die anderen Erwachsenen konkret um Hilfe zu bitten. Dafür soll es seine Notlage mit nur wenigen Worten deutlich machen und vorher ausgesuchte Personen aus der Gruppe konkret ansprechen.

Ü6

Checkliste	trifft zu	trifft manchmal zu	trifft nicht zu
	Punkte		
	1	0,5	0
Mein Kind kann hemmungslos schreien / kreischen.			
Mein Kind ist in der Lage, im Notfall Erwachsene gezielt anzusprechen.			
Mein Kind kann Erwachsene konkret beschreiben.			
Ich habe das richtige Verhalten mit meinem Kind geübt.			
Ich wiederhole die Übung ab und an mit meinem Kind.			
Gesamtpunktzahl		I 5	

5. LERNE SCHNELL WEGZULAUFEN!

Kurzfristig zu erlernende Verhaltensregeln

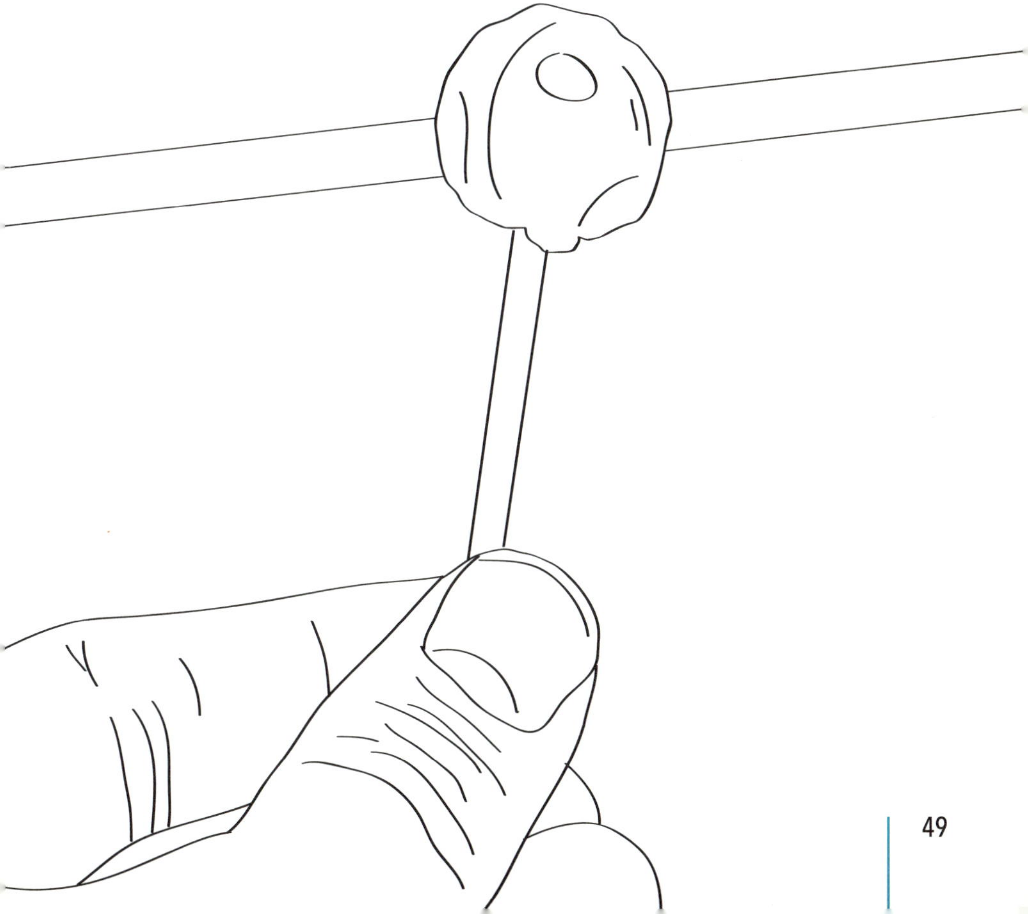

5. Lerne schnell wegzulaufen!

Nicht immer sind Helfer in der Nähe. In diesem Fall hat Ihr Kind die Möglichkeit kreischend wegzurennen. So gewinnt es wertvolle Sekunden, um doch noch auf sich aufmerksam zu machen. Um schnell weglaufen zu können, muss das Kind jeden Ballast (z. B. Schulranzen, Lieblingsspielzeug) zurücklassen. Vermitteln Sie Ihrem Kind, dass diese Werte ohne weiteres ersetzbar sind, nicht aber sein Leben und seine Gesundheit! Während das Flüchten vor der Gefahr nicht gezielt trainiert werden muss, gilt es, den Urinstinkt, sich bei Gefahr tot zu stellen, schnell zu überwinden. Denn unter Stress verkrampft sich der Körper. Eine Schockphase macht die meisten von uns vorerst bewegungs- und somit handlungsunfähig. Damit sich Ihr Kind schnell aus der Schockstarre lösen und flüchten kann, müssen Sie mit ihm einfühlsam und ohne es zu ängstigen, verschiedene, in diesem Buch geschilderte Situationen, besprechen und trainieren! Erklären Sie Ihrem Kind, dass es Gegenstände gibt, die ein schnelles Weglaufen unmöglich machen und dass es diese durch spontanes Fallenlassen bzw. Abwerfen (zum Beispiel Schultasche auf dem Rücken) zurücklassen darf! Nichts wäre tragischer, als dass Ihr Kind beim „Verlieren" der Schultasche Angst vor der elterlichen Bestrafung hat und stattdessen für einen Täter habhaft wird!

Beispiel

Erneut greifen wir das Beispiel des fremden Mannes mit der Süßigkeit auf. Nachdem sich dieser nicht von einem „Stopp, Abstand!" und „Nein!" beeindrucken lässt, bleibt dem Kind nur, unnötigen Ballast abzuwerfen und kreischend zu anderen Personen zu rennen, von denen es einige konkret um Hilfe bittet.

Das Fallenlassen der schweren Schultasche kann genauso wichtig sein, wenn es auf dem Schulweg von einer Gruppe anderer Kinder bzw. Jugendlicher verfolgt wird. Häufig werden Gewalthandlungen an Kindern während der Verfolgung mündlich angekündigt.

Folgende Übungen zielen darauf, dem Kind zu vermitteln, dass seine Gesundheit wichtiger als materielle Werte ist.

> Eine Gruppe Jugendlicher (von mehreren Kindern gespielt) rennt auf Ihr Kind zu. Die Jugendlichen rufen schon aus der Ferne: „Hey, Kleiner/Kleine, willst du paar aufs Maul haben?". Ihr Kind soll daraufhin den schweren Schulranzen abwerfen und wegrennen.
>
> **Ü7**

> Ihr Kind steht allein an einer gedachten Bushaltestelle. Es wird von einem Erwachsenen bedrängt, der das Kind anfassen möchte. Nachdem Ihr Kind laut und deutlich „Nein, das möchte ich nicht!" gesagt hat, soll es ohne Schultasche laut „Hilfe! Hilfe!" schreiend weglaufen.
>
> **Ü8**

Checkliste	trifft zu	trifft manchmal zu	trifft nicht zu
		Punkte	
	1	0,5	0
Ich habe ein uneingeschränktes Vertrauensverhältnis zu meinem Kind.			
Mein Kind hat keine Angst vor Bestrafung.			
Mein Kind kann zwischen Sachwerten und eigener Gesundheit / eigenem Leben differenzieren.			
Mein Kind beherrscht schnelles Weglaufen.			
Ich spreche in Abständen mit Kind über das Weglaufen.			
Gesamtpunktzahl		I 5	

6. SCHULWEG

Kurzfristig zu erlernende Verhaltensregeln

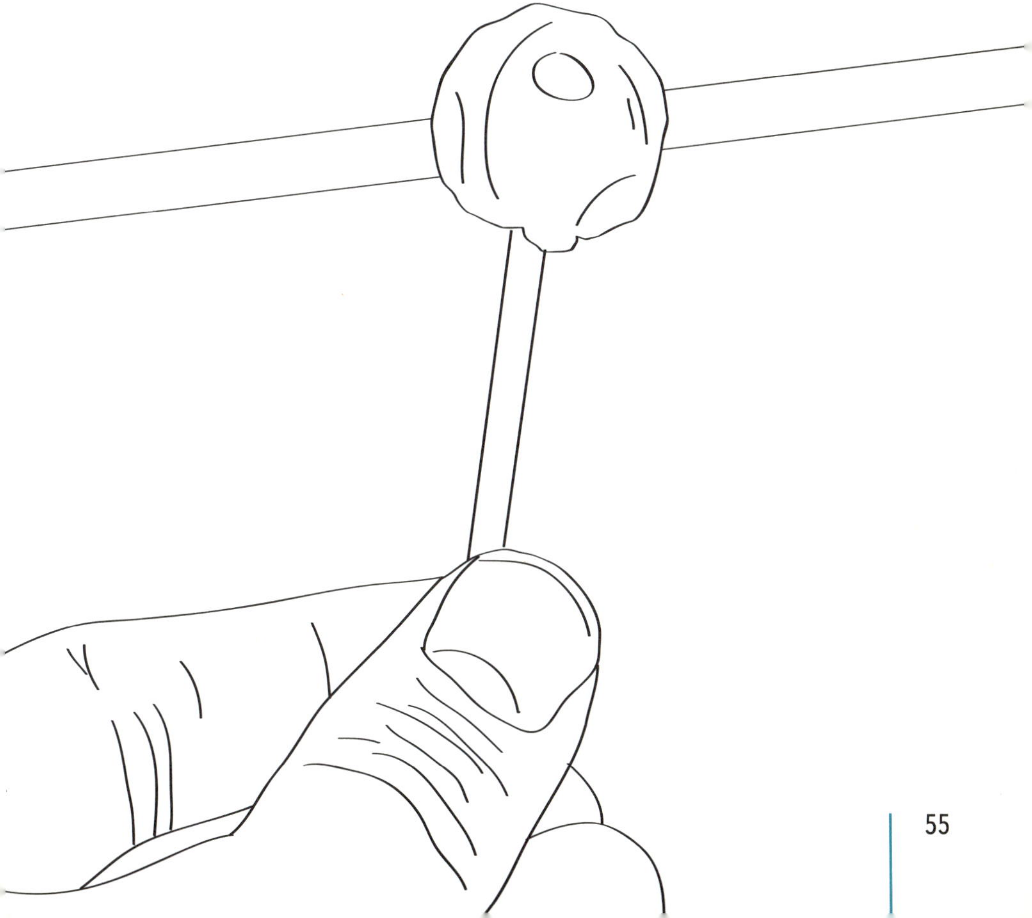

6. Schulweg

Sogenannte „Helikoptereltern" bringen ihr Kind mit dem Auto zur Schule und holen es auch wieder ab. Das ist aber nicht allen Eltern möglich und auch nicht immer notwendig. Ich selbst kenne die Gefahren eines langen Schulweges. Da meine Eltern, beruflich bedingt, oft umgezogen sind, besuchte ich drei verschiedene Schulen. Schon in der zweiten Klasse bin ich allein mit dem Stadtbus gefahren. Das war auf jeden Fall besser, als hätte ich die damals rund fünf Kilometer lange Strecke laufen müssen. Gleiches gilt auch für Ihr Kind. Öffentliche Verkehrsmittel sind immer deutlich sicherer als ein Weg zu Fuß. So wird sich Ihr Kind im Bus oder in der Bahn bevorzugt in unmittelbarer Nähe zu anderen Fahrgästen aufhalten. Trotzdem darf man die Belastung für Kinder bei solch einem Schulweg nicht unterschätzen. Fragen Sie Ihr Kind immer wieder, wie es sich auf seinem Schulweg fühlt und ob es etwas mit Ihnen besprechen möchte! Besser ist es, wenn Ihr Kind nicht allein, sondern gemeinsam mit anderen Kindern zur gleichen Schule unterwegs ist. Notsituationen können auch im Nahverkehr vorkommen. Ihr Kind sollte dann gezielt andere Personen ansprechen bzw. durch Hilferufe / Schreie auf sich aufmerksam machen. Muss das Kind jedoch Strecken zu Fuß zurücklegen, erfordert das eine gründliche Vorbereitung. Zeigen Sie Ihrem Kind an den verschiedenen Stellen des Schulweges „Rettungsanker"! Dies sind Standorte, wo sich fast immer Menschen aufhalten (zum Beispiel Geschäfte, Firmen, Polizeidienststellen, Bushaltestellen etc.). Dort kann das Kind andere Erwachsene um Hilfe bitten. Nicht nur nebenbei möchte ich Ihnen mitteilen, dass die Gefahr, dass Schulkinder durch Verkehrsunfälle ums Leben kommen bzw. verletzt werden, allgegenwärtig ist. Auch dort, wo Flüsse und Seen in der Nähe sind, sollten Sie Ihrem Kind so zeitig wie möglich das Schwimmen beibringen! Denn Wasser hat auf Kinder eine magische Anziehungskraft und bildet deshalb eine erhebliche Gefahrenquelle.

Legen Sie den Schulweg gemeinsam mit Ihrem Kind zurück! Führen Sie Ihr Kind das erste Mal selbst und erklären Sie genau Ihre Handlungen! Weisen Sie Ihr Kind auf mögliche Gefahren hin (z. B. Straßenverkehr und gefährliche Orte wie Kneipen, Bahnhöfe, Wege mit wenig Fußgängerverkehr usw.)! Zeigen Sie Ihrem Zögling lieber sichere Umwege! Machen Sie Ihrem Kind keine Angst! Lassen Sie sich von Ihrem Kind das nächste Mal den Weg entlang führen und sich dabei genau erklären, warum es beispielsweise an einer bestimmten Stelle über die Straße geht! Nennen Sie die aus Ihrer Sicht besseren Alternativen! Achten Sie dabei auf die unterschiedlichen Sichthöhen von Erwachsenen und Kindern! Loben Sie Ihr Kind und bestärken Sie es in seinen (richtigen) Entscheidungen! Stellen Sie Fragen, beispielsweise wie es sich verhält, wenn der Mann mit dem grauen Mantel, der Ihnen gerade entgegenkommt, Süßigkeiten verspricht, wenn es mit ihm kommt!

Ü9

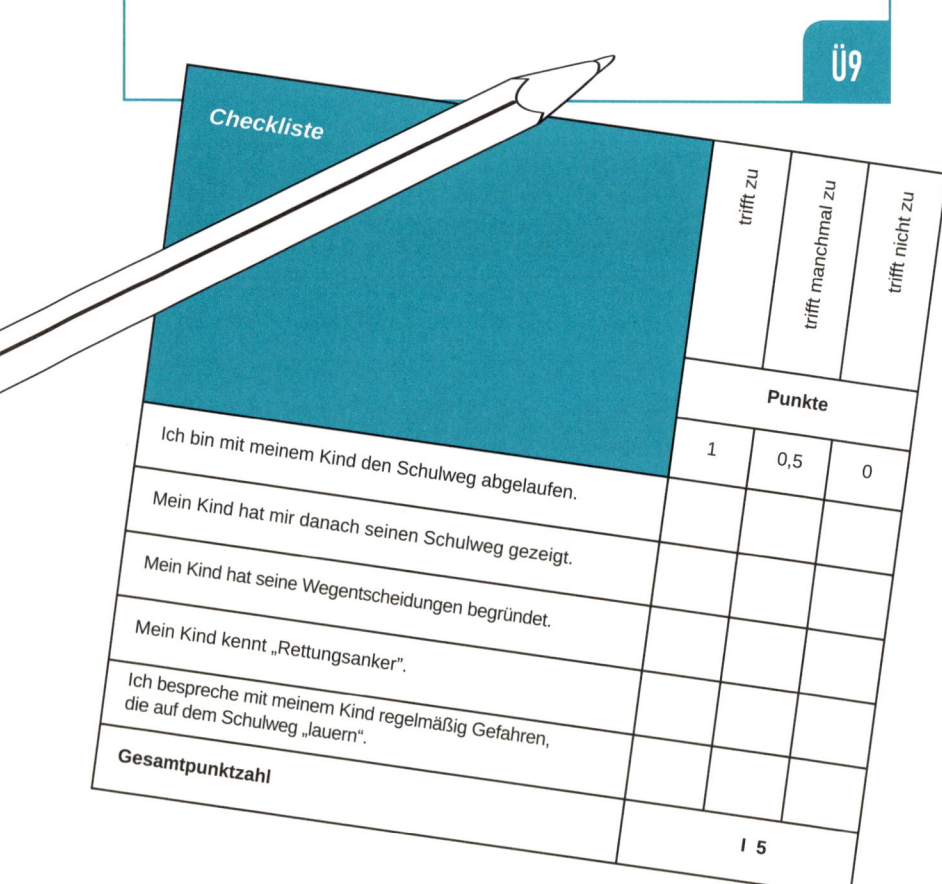

Checkliste

	trifft zu	trifft manchmal zu	trifft nicht zu
Punkte	1	0,5	0
Ich bin mit meinem Kind den Schulweg abgelaufen.			
Mein Kind hat mir danach seinen Schulweg gezeigt.			
Mein Kind hat seine Wegentscheidungen begründet.			
Mein Kind kennt „Rettungsanker".			
Ich bespreche mit meinem Kind regelmäßig Gefahren, die auf dem Schulweg „lauern".			
Gesamtpunktzahl			
	I 5		

7. DIE GEFAHR AUS DEM AUTO

Kurzfristig zu erlernende Verhaltensregeln

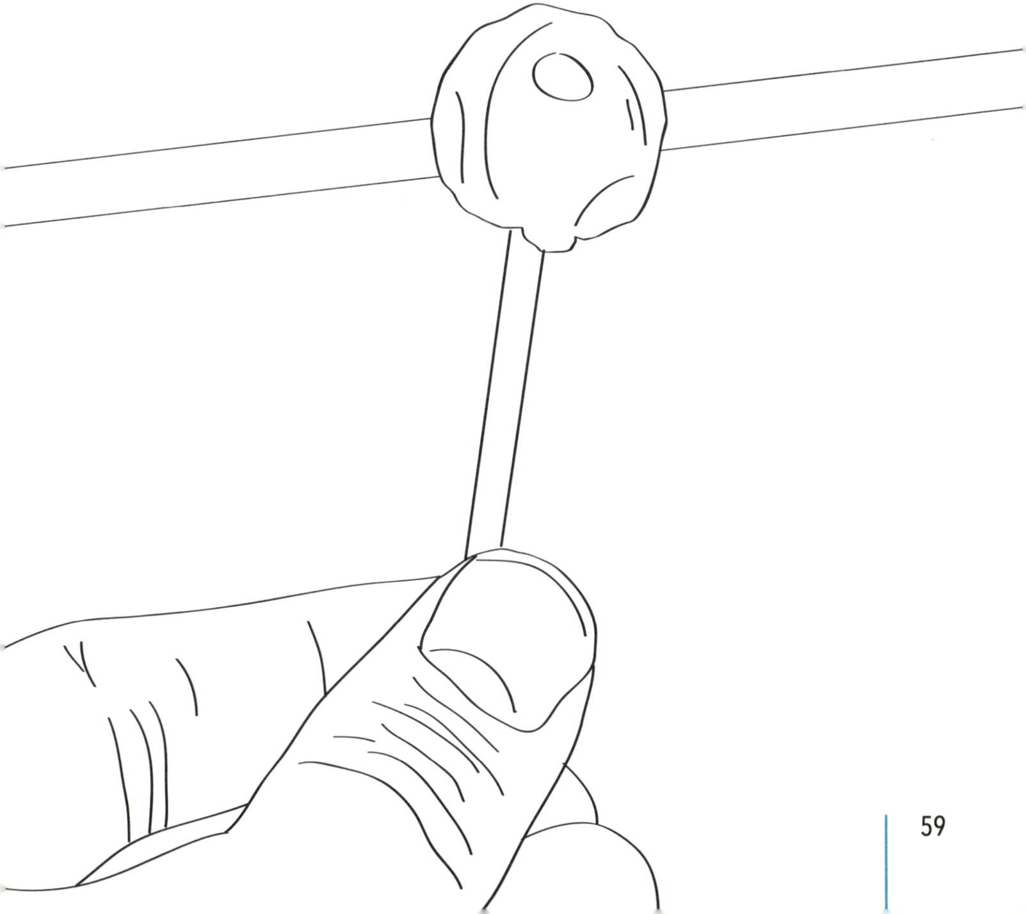

7. Die Gefahr aus dem Auto

Um es klar zu sagen: Kinder sind Erwachsenen körperlich unterlegen und können sich daher nur begrenzt wehren, wenn sie gepackt werden. Was kann Ihr Kind also tun, wenn plötzlich am Straßenrand ein Auto mit dunklen Scheiben hält, ein Mann herausspringt, Ihr Kind packt und ins Auto wirft? Ich halte nichts davon, kleinen Kindern im Rahmen eines einmaligen 90-Minuten-Unterrichts komplizierte Angriffstechniken „beizubringen". Vielmehr müssen Urinstinkte aktiviert, genutzt und gestärkt werden. Angriff oder Flucht? Kein Lebewesen ergibt sich kampflos, außer das Kaninchen der Schlange. Ihr Kind ist aber kein Kaninchen. Es besitzt von Natur aus alle Instinkte, die für das Überleben notwendig sind.

Für ein Kind gilt:

Schreie und kreische so laut du kannst!
Strample mit allen Gliedmaßen!
Schlage um dich!
Beiße den Täter ohne Rücksicht und kratze ihn mit den Fingernägeln!

Mit diesem Verhalten macht das Kind auf seine prekäre Situation aufmerksam und aktiviert bei Mitmenschen den „Beschützerinstinkt" gegenüber den Schwächsten der Gesellschaft. Der Täter kann dann nur noch flüchten oder das wehrhafte, laute Kind vor den Augen alarmierter Mitmenschen ins Auto packen. Diese werden dann entweder sofort eingreifen oder sich zumindest das Kfz-Kennzeichen merken und die Polizei über die Notrufnummer 110 informieren. Nicht wenige Kindesentführungen haben auf diese Weise schon zu einem guten Ende geführt.

So wurde zum Beispiel ein achtjähriger Junge in Nordrhein-Westfalen einfach von einem Mann gepackt und in den Kofferraum seines Pkw geworfen. Das Kind konnte dies zwar nicht verhindern, machte jedoch in dieser Situation alles richtig: Es schrie aus Leibeskräften und wehrte sich durch das Strampeln der Beine und das Herumfuchteln der Arme so gut es ging. Durch den Lärm aufgeschreckt, begab sich eine ältere Dame zum Fenster ihrer Wohnung und schaute hinaus. Sie notierte das Kennzeichen des Fahrzeuges und alarmierte sofort die Polizei, die daraufhin eine Großfahndung auslöste. Weil sich das Kind aus Leibeskräften wehrte und somit Aufmerksamkeit bei der älteren Dame erregte, die der Polizei wichtige Hinweise zur Tat liefern konnte, gelang es, den Entführer bereits nach kurzer Zeit ausfindig zu machen und zu verhaften. Das Kind trug keine körperlichen Schäden davon.

Leider wird es Kindern geradezu aberzogen, sich körperlich auszuleben. Der lange Schulalltag auf harten Bänken, ständige Ermahnungen, nicht so viel herumzuzappeln und mitunter verständnislose Lehrer beschränken den kindlichen Bewegungsdrang. Oft wird vorschnell das ADHS-Syndrom diagnostiziert und Kinder medikamentös „ruhig gestellt" – ein bedauerlicher Irrweg in meinen Augen. Gerade Jungen wollen sich viel bewegen, sich miteinander vergleichen und in einen Wettkampf treten. Dafür sollte Kindern viel mehr Raum geboten und Bewegung gefördert werden.

Heben Sie Ihr Kind mit einer Hand (zwischen dem Innenarmwinkel und Hüfte) und anschließend mit beiden Händen hoch und lassen es kräftig strampeln! Trotz des ernsten Hintergrundes hat diese Übung für Sie und Ihr Kind einen großen Spaßfaktor.

Ü10

Lehren Sie Ihrem Kind, dass es sich als Fußgänger entgegengesetzt der Fahrtrichtung, auf der von der Straße abgewandten Seite fortbewegt! Das hat den Vorteil, dass sich ein Fahrzeug Ihrem Kind dadurch nicht von hinten, sondern nur von vorn nähern kann. Außerdem bleiben Ihrem Zögling im Ernstfall noch einige Meter Distanz und damit Zeit für eine Flucht.

Ü11

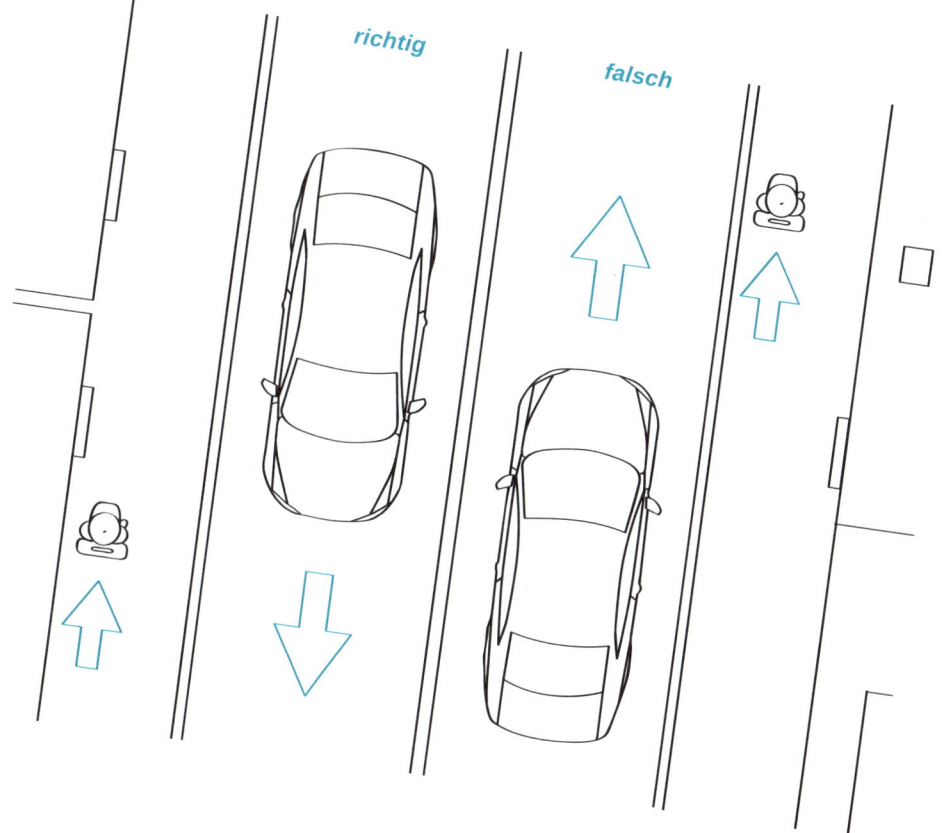

Checkliste	trifft zu	trifft manchmal zu	trifft nicht zu
	Punkte		
	1	0,5	0
Ist Ihr Kind bewegungsfreudig?			
Wird Ihr Kind körperlich gefördert?			
Ist Ihr Kind spontan?			
Besprechen Sie mit Ihrem Kind einfühlsam das Notverhalten im Entführungsfall?			
Haben Sie Ihr Kind übungsweise hochgehoben und strampeln lassen?			
Gesamtpunktzahl		I 5	

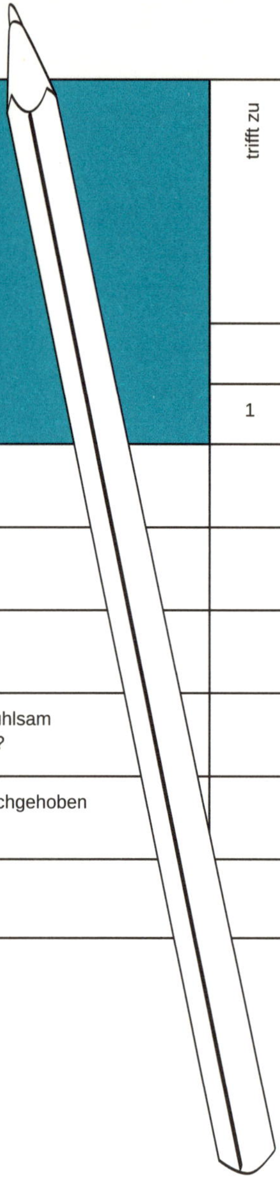

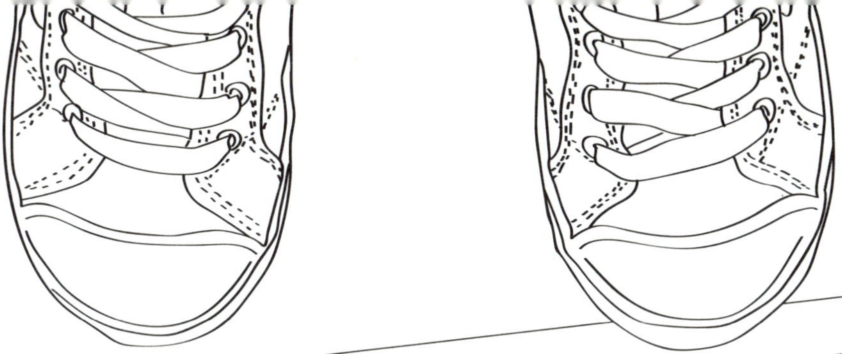

8. NEUE UMGEBUNG

Kurzfristig zu erlernende Verhaltensregeln

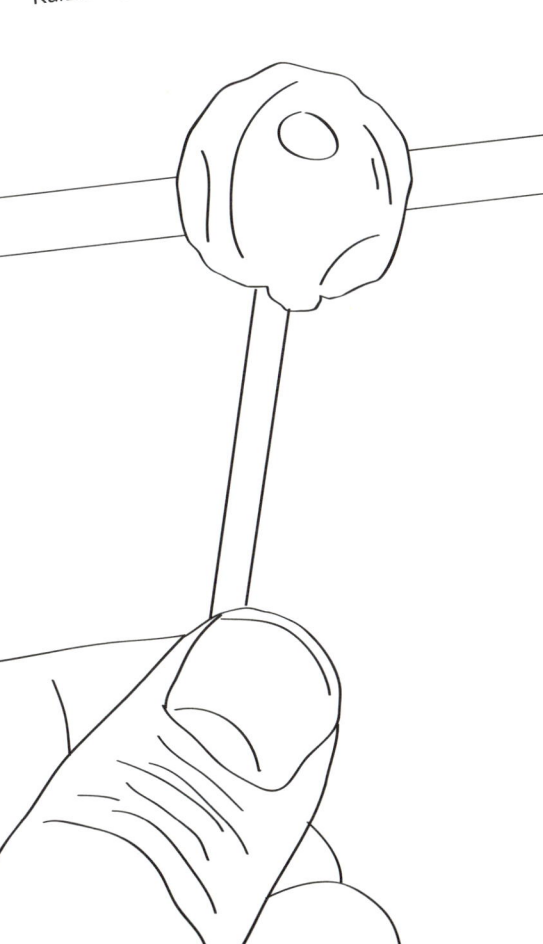

8. Neue Umgebung

Erkunden Sie gemeinsam mit Ihrem Kind die ungewohnte Umgebung, wenn Sie umgezogen sind! Machen Sie es auf die Gefahren aufmerksam, wie stark befahrene Straßen, unbeleuchtete Wege, angeblich bequeme Abkürzungen durch einsame Parks und Nebengassen oder Kneipenviertel! Zeigen Sie Ihrem Kind hierbei auch „Rettungsanker" (**siehe Punkt 6: „Schulweg"**)! Auf diese Weise erzielen Sie bei Ihrem Nachwuchs ein „sanftes" Gefahrenbewusstsein, ohne Angst zu erzeugen.

Informieren Sie sich über die Kriminalitätslage im neuen Gebiet. Hierzu können Sie sich beim Revierpolizisten, bei der Nachbarschaft oder auf diversen Seiten im Internet, darunter die der Polizei, erkundigen!

Auch wenn Sie schon einige Zeit in der neuen Gegend wohnen, sollten Sie mit Ihrem Kind mögliche Veränderungen im Auge behalten und besprechen. Dazu zählen zum Beispiel abgesperrte Fußwege und andere Baustellen, neu eröffnete Geschäfte und Kneipen, neue Nachbarschaft und Mentalitäten oder gar neue Kriminalitätsschwerpunkte, von denen man aus der Presse erfährt. Vor allem Straftaten sollten Sie aufmerksam verfolgen, insbesondere wenn es um sogenannte „Entblößer" (Exhibitionisten) geht, die gelegentlich auftauchen! In der Regel sind diese „harmlos", da sie nicht durch direkte körperliche Übergriffe in Erscheinung treten, aber statistisch gesehen war der Teich nur einen halben Meter tief und die Kuh ist trotzdem darin ertrunken.

Gelegentlich sind Eltern kurz abgelenkt und haben ihre Kinder deshalb nicht immer im Blick. Beobachten Sie daher auch wachsam andere Kinder! Bauen Sie sich ein Netzwerk mit Ihrer Nachbarschaft auf!

Tauschen Sie untereinander Telefonnummern und Email-Adressen aus und informieren Sie sich regelmäßig! Organisieren Sie mit Nachbarfamilien abwechselnd „Aufpasser"! Auch ältere Mitbürger freuen sich über jede Aufgabe und schauen gern aus dem Fenster nach den Kleinen. Vielleicht möchten diese sogar mit zum Spielplatz gehen. Dies setzt natürlich ein großes Vertrauen voraus.

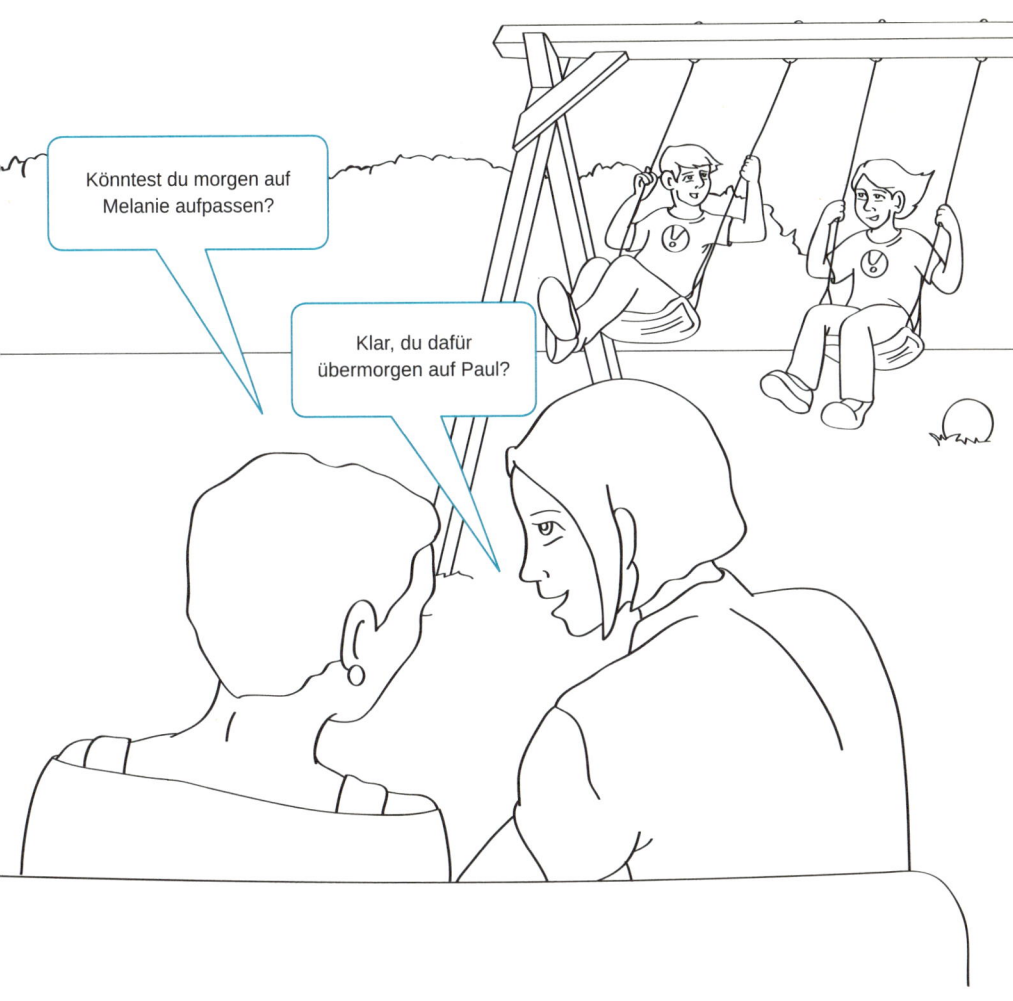

Checkliste	trifft zu	trifft manchmal zu	trifft nicht zu
		Punkte	
	1	0,5	0
Ich bin mit meinem Kind unsere (gegenwärtige) Wohngegend abgelaufen.			
Ich bin über die Gefahrenlage in unserer (gegenwärtigen) Wohngegend informiert.			
Ich kenne den für meine (gegenwärtige) Wohngegend zuständigen Revierpolizisten.			
Mein Kind kennt die örtlichen „Rettungsanker".			
Es besteht ein Netzwerk mit den Nachbarn.			
Gesamtpunktzahl		I 5	

9. CHANCEN UND GEFAHREN VON GPS UND HANDYS

Kurzfristig zu erlernende Verhaltensregeln

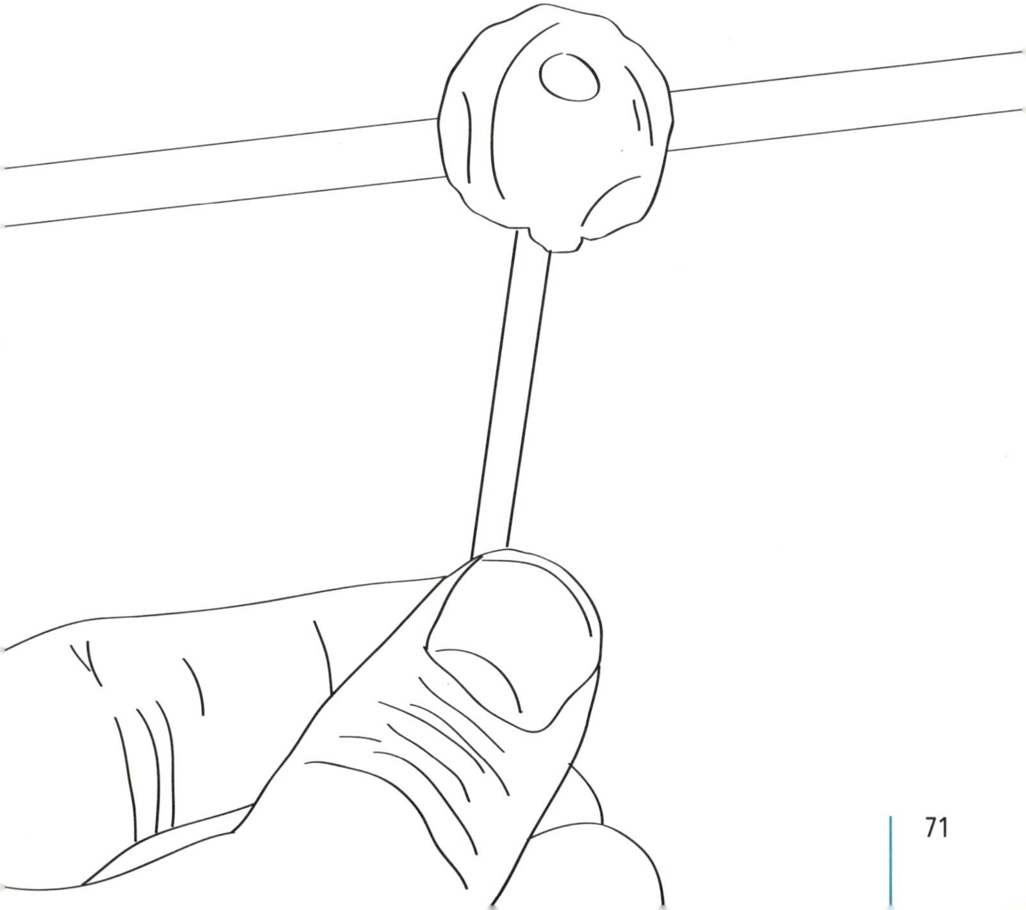

9. Chancen und Gefahren von GPS und Handys

Geben Sie Ihrem Nachwuchs ein Handy zur Hand! Aktivieren Sie dabei unbedingt die GPS-Funktion! Hierfür gibt es auch separate Apps. Es mag sein, dass manche ein Nachteil darin sehen, dass beispielsweise Google immer weiß, wo man sich gerade aufhält, jedoch ist GPS, im Gegensatz zur Funkzellenabfrage bei vermissten Personen, mit wenigen Metern Toleranz sehr genau. Besucht Ihr Kind noch die Vorschule, reicht ein einfaches spezielles Kinderhandy aus. Spätestens ab der fünften Klasse rate ich jedoch, kein Kinderhandy mehr zu nutzen, da der Markendruck in den Schulklassen gegenwärtig ist. Ein Kind mit einem „Kinderhandy" ist dann schnell ein Außenseiter.

Laden Sie das Handy mit einer Prepaid-Card auf! So haben Sie die Kosten unter Kontrolle. Und selbst wenn kein Guthaben mehr auf der Karte ist, ist der Notruf 110 und 112 immer abrufbar.

Bringen Sie Ihrem Kind die Sicherheitsgrundlagen im Umgang mit einem Smartphone bei! Dies beinhaltet zum Beispiel, dass Ihr Kind persönliche Daten, einschließlich Telefonnummer, nicht unnötig weitergibt. Gestatten Sie eine Kontaktaufnahme von Ihrem Kind zu einer ihm fremden Person nur mit Ihrer ausdrücklichen Erlaubnis! Das gilt auch gegenüber angeblich Gleichaltrigen.

Auch bei sozialen Netzwerken ist Vorsicht geboten, da sich dort hinter gefakten Profilen Pädophile verbergen können, die auf diese Weise versuchen mit Kindern in Kontakt zu treten.

Anruf Eltern / Notruf

Fragen Sie Ihr Kind, wie die aktuellen Notrufnummern lauten! Kontrollieren Sie, ob Ihr Kind diese in einer Stresslage abrufen kann! Hierfür können Sie Übungen aus dem Buch verwenden.

Ü12

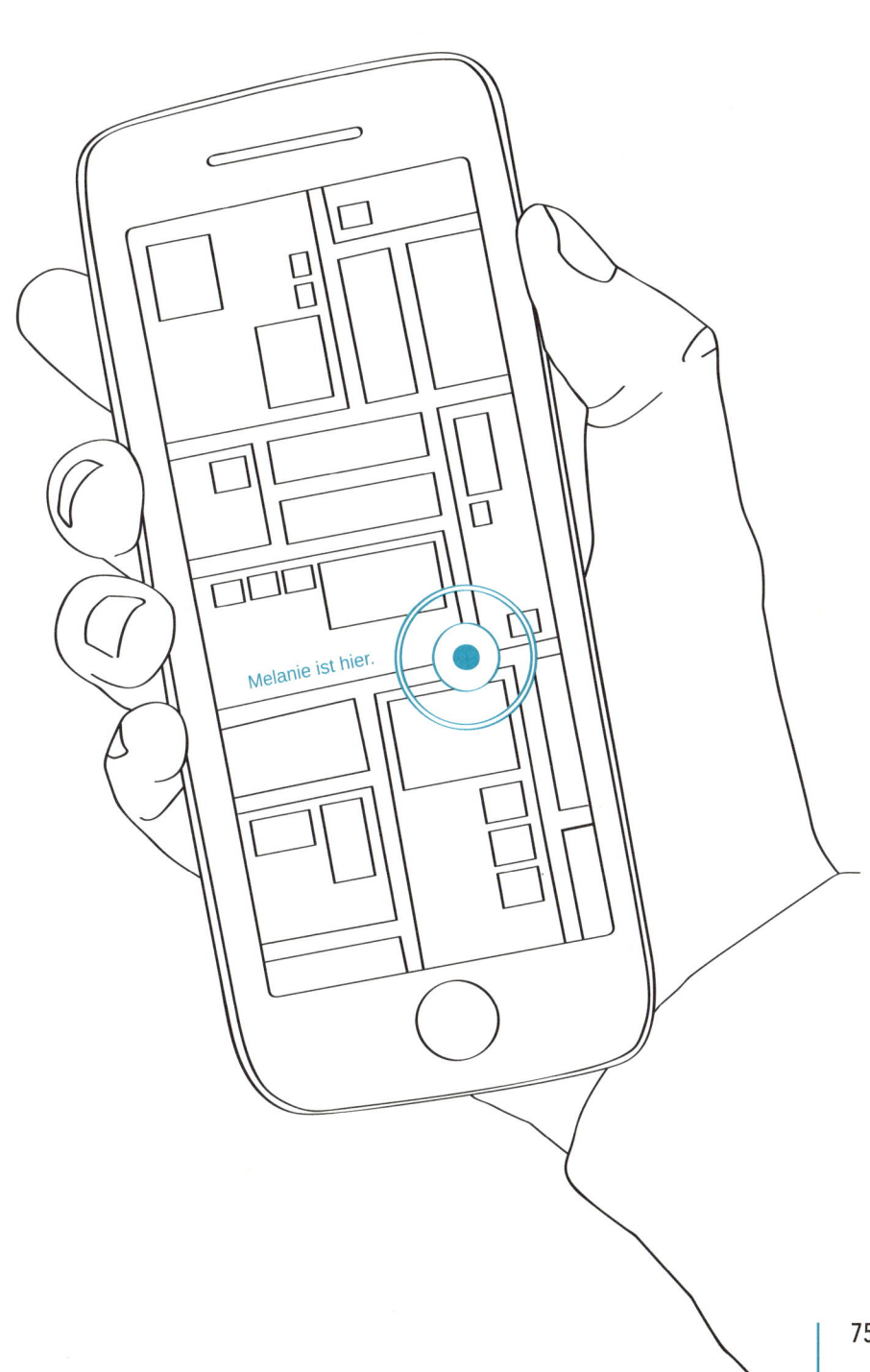

Checkliste	trifft zu	trifft manchmal zu	trifft nicht zu
	Punkte		
	1	0,5	0
Mein Kind besitzt ein Handy.			
Auf dem Handy meines Kindes ist das GPS-Signal aktiviert.			
Mein Kind kennt Notrufnummern.			
Mein Kind kann Handy im Stressfall fehlerfrei bedienen.			
Ich trainiere den Ernstfall mit meinem Kind.			
Gesamtpunktzahl		I 5	

10. „KEVIN" ALLEIN ZU HAUS?

Kurzfristig zu erlernende Verhaltensregeln

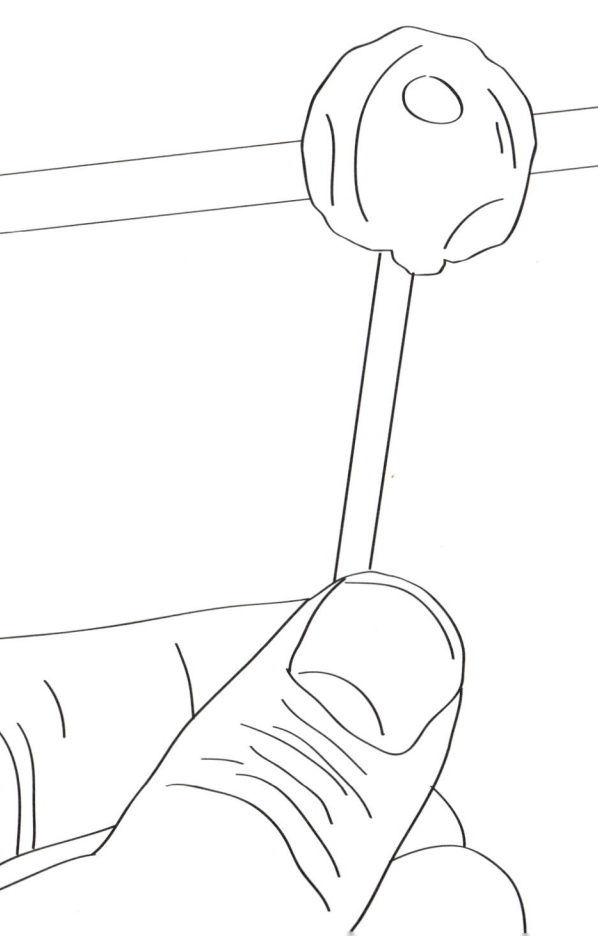

10. „Kevin" allein zu Haus?

Wer kennt nicht diesen Film, in dem sich ein gewitzter Junge gegen zwei Einbrecher im Elternhaus wehrt?! Der Gedanke an die eigenen Kinder, die allein und schutzlos daheim sind, verursacht bei den meisten Eltern großes Unbehagen. Bringen Sie Ihrem Kind bei, dass es bei einem Klingeln oder Klopfen keinesfalls die Wohnungstür öffnet, auch nicht die Haustür über die Fernsprechanlage! Sofern Ihr Klingelton nicht melodisch ist, vereinbaren Sie mit Ihrem Kind einen bestimmten Klingelrhythmus (z. B. lang – kurz – kurz – kurz – lang). Dadurch weiß das Kind, dass eine vertraute Person vor der Haustür steht. Sicherheitshalber soll Ihr Zögling aber noch einmal durch die geschlossene Wohnungstür fragen, wer vor der Tür steht und was die Person will. Die Schulfreundin oder der Schulfreund sind somit leicht zu identifizieren. Unbekannten Personen, die vor der Wohnungstür stehend, das Vertrauen des Kindes erlangen wollen, darf das Kind niemals die Tür öffnen. In diesem Fall sollte Ihr Kind nicht antworten und auch nicht anzeigen, dass es allein zu Hause ist. Um dem Kind die Wichtigkeit der Beachtung dieser Verhaltensregeln zu signalisieren, ist es hilfreich, ihm das Märchen „Der Wolf und die sieben Geißlein" vorzulesen und ihm anschließend die daraus gezogene Lehre zu erklären. Aber auch hier gilt es, keine grundlegende Angst vor dem „bösen Mann" zu erzeugen! Ältere Kinder können beim Klingeln auch hinter der Gardine durch das geschlossene Fenster schauen, wer um Einlass bittet. Bei Zweifeln sollte das Kind einen Elternteil anrufen und darüber berichten.

Bringen Sie Ihrem Kind bei, die Wohnungstür – falls vorhanden – prinzipiell durch einen Riegel von innen zu sichern! Das erfordert allerdings auch eine gewisse Kraft und Größe.

Ähnliches gilt für unerwünschte Telefonanrufe. Mittels derer versuchen Straftäter mitunter herauszufinden, ob ein Kind allein in der Wohnung ist. Auch obszöne Anrufe von Pädophilen sind möglich. Bringen Sie Ihrem Kind bei, dass es nur ans Telefon geht, wenn ihm der Name oder die Telefonnummer auf dem Display bekannt ist – keinesfalls also bei einer unbekannten Nummer! Legen Sie dazu eine Liste vertrauenswürdiger Telefonnummern neben das Telefon! Sie können das Telefon auch so einstellen, dass bei einem Anruf von Vater, Mutter oder Oma ein ganz bestimmter Klingelton ertönt. Dadurch kann Ihr Kind leicht feststellen, wer am anderen Ende der Leitung ist.

Fragen Sie Ihr Kind gelegentlich nach dem vereinbarten Klingelton am Telefon und (sofern nicht melodisch) an der Haus- / Wohnungstür! Üben Sie mit Ihrem Nachwuchs die Erkennung der individuellen Klingelzeichen /-töne!

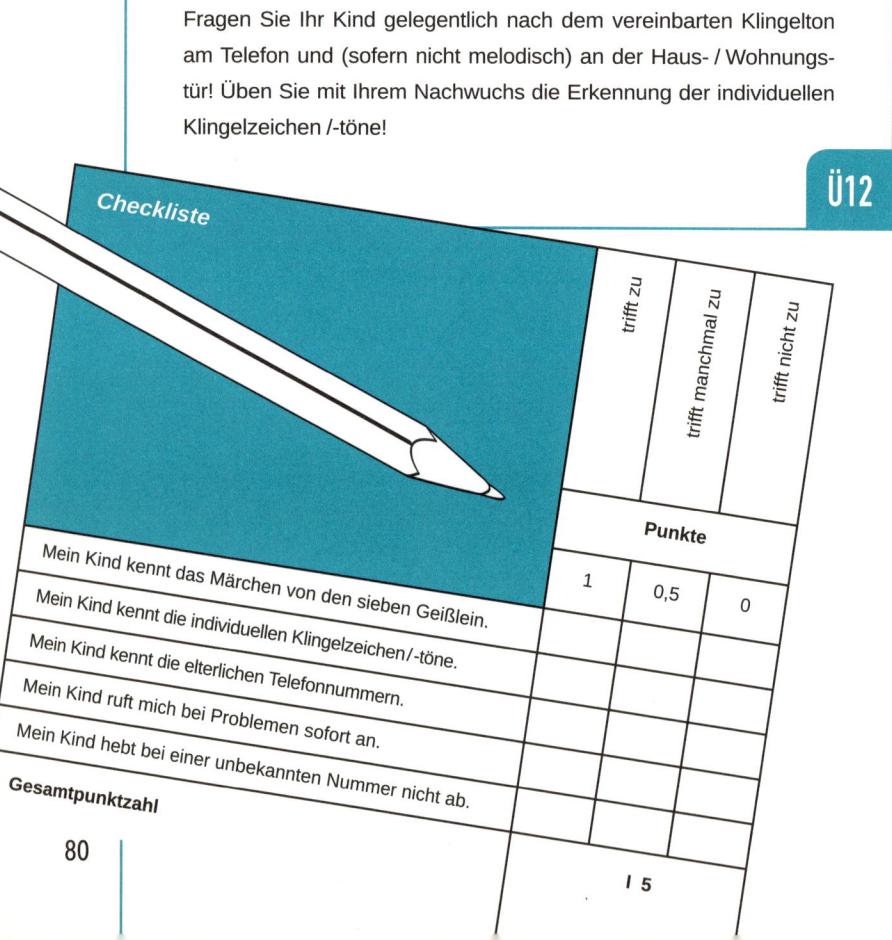

Ü12

Checkliste

	trifft zu	trifft manchmal zu	trifft nicht zu
Punkte	1	0,5	0
Mein Kind kennt das Märchen von den sieben Geißlein.			
Mein Kind kennt die individuellen Klingelzeichen/-töne.			
Mein Kind kennt die elterlichen Telefonnummern.			
Mein Kind ruft mich bei Problemen sofort an.			
Mein Kind hebt bei einer unbekannten Nummer nicht ab.			
Gesamtpunktzahl		I 5	

II. DAS TÄGLICHE GESPRÄCH

Kurzfristig zu erlernende Verhaltensregeln

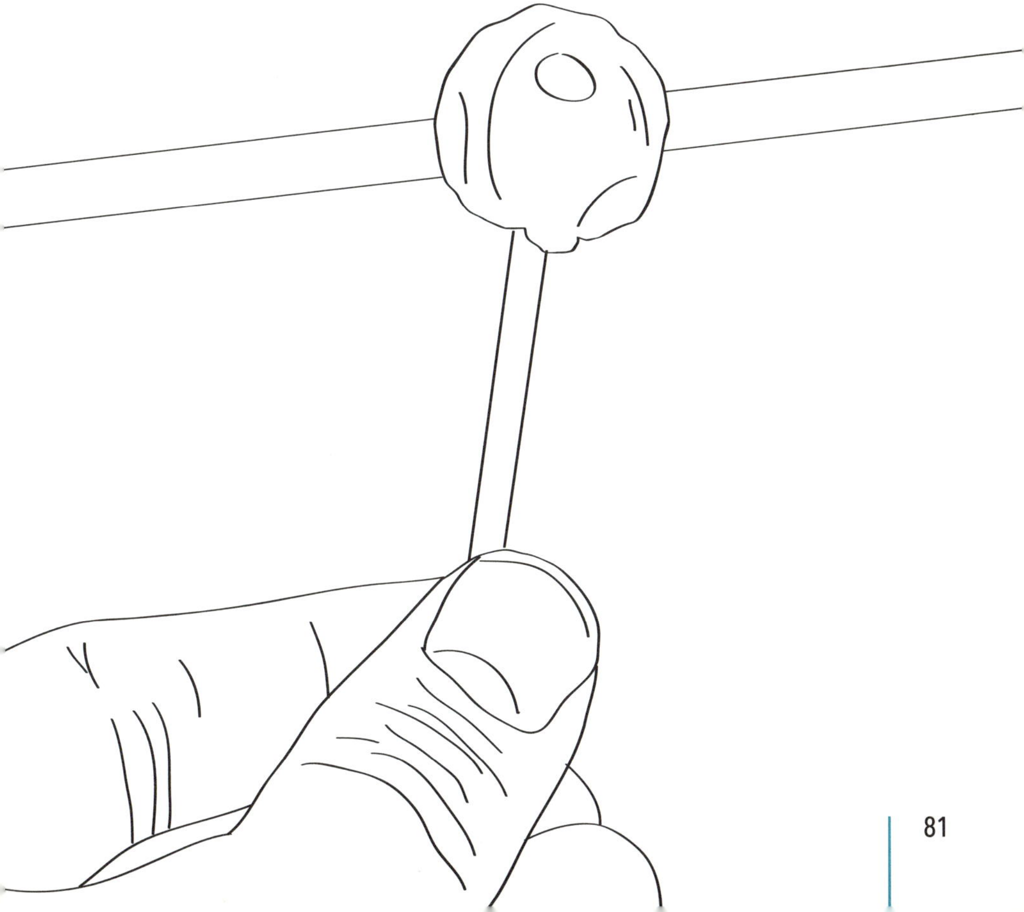

11. Das tägliche Gespräch

Sie sollten immer wissen, wo sich Ihr Kind gerade aufhält. Nehmen Sie sich die Zeit, mit ihm über dessen Tageserlebnisse zu sprechen, wenn es nach Hause kommt! So wächst das Vertrauen zwischen Ihnen und Ihr Kind wird ungefragt von erlebten Gefahren berichten. Fragen Sie Ihr Kind, wie es auf solche Situationen reagiert hat! Loben Sie die aus Ihrer Sicht richtigen Handlungen! Fragen Sie Ihr Kind bei dessen Fehlverhalten nach alternativen Verhaltensweisen! Verzichten Sie hierbei darauf Ihr Kind zu tadeln! Dadurch bauen Sie weder ein Vertrauensverhältnis auf noch ändern Sie damit das Verhalten Ihres Kindes. Machen Sie stattdessen Handlungsvorschläge und finden Sie gemeinsam mit Ihrem Kind geeignete Strategien zur Gefahrenabwehr! Auf diese Weise wächst das kindliche Selbstbewusstsein, da Ihr Nachwuchs in die Lösungsfindung einbezogen wurde.

Checkliste	trifft zu	trifft manchmal zu	trifft nicht zu
		Punkte	
	1	0,5	0
Ich spreche täglich mit meinem Kind über Tageserlebnisse.			
Mein Kind darf eigene Gedanken darlegen.			
Mein Kind darf bei der Schilderung von Situationen Emotionen zeigen.			
Ich vermittle meinem Kind Denkanstöße für Lösungsstrategien.			
Ich stelle einfühlsam nachvollziehbare Regeln auf.			
Gesamtpunktzahl		I 5	

Auswertung Checklisten

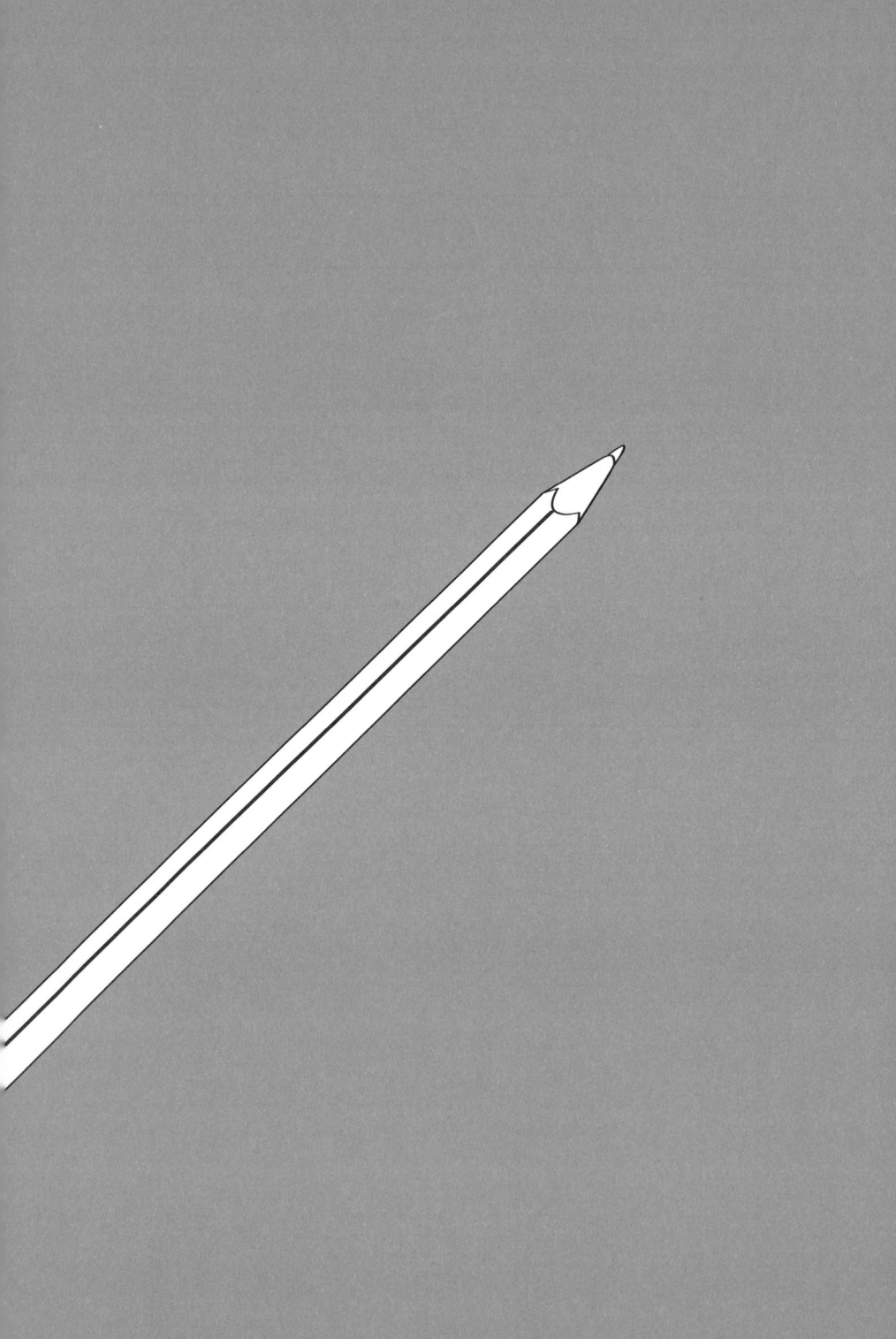

Auswertung Checklisten

Kapitel		Seite	Erreichte Punkte	Maximal- punktzahl
II.	Langfristige Maßnahmen zum Schutz Ihres Kindes	18		10
III.	Kurzfristig zu erlernende Verhaltensregeln			
1.	Lerne nein zu sagen!	26		6
2.	Halte Abstand!	34		6
3.	Gehe nicht mit fremden Personen mit!	42		5
4.	Mache auf dich aufmerksam!	48		5
5.	Lerne schnell wegzulaufen!	54		5
6.	Schulweg	58		5
7.	Die Gefahr aus dem Auto	64		5
8.	Neue Umgebung	70		5
9.	Chancen und Gefahren von GPS und Handys	76		5
10.	„Kevin" allein zu Haus?	80		5
11.	Das tägliche Gespräch	84		5
				67

Bis 34 Punkte: Arbeiten Sie unbedingt an Ihrem eigenen Selbstwertgefühl und -bewusstsein! Versuchen Sie, Ihre Ängste nicht auf Ihr Kind zu übertragen! Setzen Sie sich kleine Aufgaben und versuchen Sie täglich Ihre Ängste zu überwinden! Wenn Sie zum Beispiel Beklemmungen haben, fremde Menschen anzusprechen, fragen Sie jemanden an der Bushaltestelle nach der Uhrzeit! Freuen Sie sich über kleine Erfolgserlebnisse und steigern Sie damit Ihr Selbstbewusstsein! Holen Sie sich bei Freunden und Bekannten konstruktive und positive Rückmeldungen über Ihr Verhalten ein! Nehmen Sie gegebenenfalls externe Hilfe durch professionelle Therapeuten in Anspruch! Ihr Kind wird es Ihnen danken.

35 – 58 Punkte: Als Elternteil haben Sie bereits ein gelassenes Gefahrenbewusstsein für sich und Ihr Kind entwickelt. Sie und Ihr Nachwuchs leben nach festen Regeln und Normen und sind in der Lage, eigene Bedürfnisse zu artikulieren und umzusetzen. Sie bringen Ihr Wissen auf den aktuellen Stand und verbessern Ihre Kenntnisse und Fähigkeiten. Das eigene Risiko und das Ihres Nachwuchses, selbst Opfer einer Straftat zu werden, haben Sie bereits deutlich minimiert. Sie können weiterhin Ihre Fähigkeiten verbessern, indem Sie sich bewusst Trainingsmaßnahmen und entsprechender Fachliteratur zuwenden. Üben Sie mit Ihrem Kind gelegentlich praktische Rollenspiele, die Sie sich selbst ausdenken!

59 – 67 Punkte: Gratulation, Sie verfügen für sich und Ihre Kinder über Spezialwissen. Das Risiko, Opfer von Straftaten zu werden, ist sehr gering. Sie sollten Ihr Wissen weitergeben, beispielsweise im Kindergarten, in der Schule oder im Verein! Im Austausch mit anderen Eltern und erfahrenen Pädagogen oder Multiplikatoren können Sie sich perfektionieren.

dies & das

Buchempfehlung

von Sigrun v. Hasseln-Grindel

Vorsitzende Richterin am Landgericht, Trägerin des Bundesverdienstkreuzes

---

Steffen Meltzer

RATGEBER GEFAHRENABWEHR

Taschenbuch, 304 Seiten
Ibidem-Verlag, 2015
ISBN 9783838207650
24,90 Euro

Die Alltagskriminalität steigt. So haben im Jahr 2014 Wohnungseinbruchsdiebstahl und Straßenkriminalität (z. B. Taschendiebstahl) zugenommen (nachzulesen in der im Mai 2015 vom Bundesministerium des Innern veröffentlichten polizeilichen Kriminalstatistik für Deutschland 2014 (PKS)).

Viele Bürger fühlen sich mit ihrer Angst vor Kriminalität alleingelassen. Kaum ein Bürger hat Kenntnis von der Täterpsyche und weiß folglich nicht, wie er sich vor und während einer Straftat verhalten soll. Aus meiner jahrzehntelangen Erfahrung als Strafrichterin weiß ich, dass in vielen Fällen erst falsches Opferverhalten (z.B. Held spielen, Notwehrüberschreitung) eine vermeidbare Katastrophe ausgelöst hat. Vielfach hätten Menschen die Straftat sogar verhindern können, wenn sie nur der Situation angepasst gehandelt hätten.

Doch wie verhalte ich mich richtig, wenn ich selbst Opfer einer Straftat werde; wie, wenn ich Zeuge eines Verbrechens werde, ohne mich selbst zu gefährden?

In seinem „Ratgeber Gefahrenabwehr" präsentiert der erfahrene Polizeibeamte und Einsatztrainer Steffen Meltzer zahlreiche praxistaugliche, oft verblüffende Lösungen, die jeder selbst leicht umsetzen kann: Wie verhalte ich mich bei einem Raubüberfall? Wie gehe ich mit einem Einbruch in meine Wohnung um? Wie wehre ich mich gegen sexuelle Belästigung? Wie wehre ich Trick- und Taschendiebstähle ab? Wie verhalte ich mich an gefährlichen Orten? Wie gehe ich mit Mobbing, häuslicher Gewalt, Stalking oder Telefonterror um? Wie kann ich mit einfachen Mitteln wirkungsvoll Gefahrenabwehr trainieren? Mit welchen Gefahren muss ich rechnen, wenn ich ein Fußballspiel besuche und wie vermeide ich diese?

Wie verhalte ich mich richtig, wenn ich doch zum Opfer geworden bin? Wie erstatte ich Anzeige? Wie sichere ich Spuren? Wie kann ich im Vorfeld Zeugen feststellen? Was ist Notwehr und wie wende ich diese effektiv an?

Auch das richtige Verhalten bei Verkehrsunfällen und bei extremen Bedrohungen (z. B. Amoklauf) oder beispielsweise die Notfallversorgung bei einem Zusammenbruch des Versorgungssystems aufgrund von Umweltkatastrophen werden thematisiert.

Dieser Ratgeber sollte in keinem Haushalt, in keiner Schule, in keinem Seniorenheim, in keiner gemeinnützigen Einrichtung, in keiner Polizeidienststelle und in keinem Rathaus fehlen. Das Buch eignet sich auch als Geschenkband für mehr Sicherheit.

Mehr Informationen unter www.ibidem-verlag.de und www.steffen-meltzer.de

Anfragen zu Trainings, Vorträgen, Buchlesungen und Moderationen
über www.steffen-meltzer.de (info@steffen-meltzer)

Sämtliche Daten, Ausführungen und Empfehlungen im vorliegenden Buch wurden mit größter Sorgfalt recherchiert und zusammengestellt. Dennoch haftet der Autor nicht für die Richtigkeit der in diesem Buch gemachten Angaben. Das Werk, einschließlich seiner Teile, ist urheberrechtlich geschützt. Jede Verwertung außerhalb der engen Grenzen des Urheberrechtsgesetzes ist ohne Zustimmung des Autors unzulässig und strafbar. Das gilt insbesondere für Vervielfältigungen, Übersetzungen, Mikroverfilmungen sowie die Einspeicherung und Verarbeitung in elektronische Systeme.

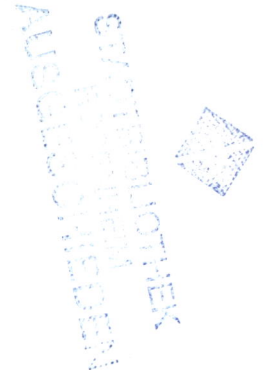

© 2016, Steffen Meltzer, Potsdam

www.steffen-meltzer.de
www.facebook.com/SteffenMeltzer
info@steffen-meltzer.de

Umschlaggestaltung, Buchsatz, Illustration

Juliane Scherz / colibris, www.co-libris.de

Bildquellen Umschlag
© iStock.com/AnthonyRosenberg, © krsprs/fotolia.com, © motorradcbr/fotolia.com

ISBN 978-3-00-052979-5